Almut Haneberg

Kreatives Gestalten – meditatives Erleben

25 Angebote für die
religiöse Erwachsenenbildung

Bibliografische Information der Deutschen Nationalbibliothek

Die Deutsche Nationalbibliothek verzeichnet diese Publikation
in der Deutschen Nationalbibliografie; detaillierte bibliografische
Daten sind im Internet über http://dnb.d-nb.de abrufbar.

ISBN 978-3-7698-1678-5
1. Auflage 2008
© 2008 Don Bosco Verlag, München
Umschlag: Don Bosco Druck & Design, nach einem Entwurf von Michael Brandel
Umschlagabbildung und Abbildungen Innenteil, S. 9, 23: Almut Haneberg
Fotos Innenteil: mike kleinhenz photography, München
Lektorat: UNGER-KUNZ. Lektorat & Redaktionsbüro, Undorf
Produktion: Don Bosco Druck & Design, Ensdorf

Gedruckt auf umweltfreundlichem Papier

Inhalt

Vorwort	7
Kreativität und Spiritualität	9
Rahmenbedingungen	11
Zielgruppe und Kontext	11
Grundsätzliches zur Durchführung	12
Vorbereitung und Motivation	13
Auswertung und Abschluss	15
Praktische Tipps zu Material, Papier und Arbeitshaltung	17
Übungen	23
Gestalten mit Farbe	24
Puzzle	24
Blindes Selbstporträt	28
Wildes Bild	31
Eine Postkarte für dich und mich	33
Ich lasse mich finden	36
Goldene Fäden	39
Kreis	43
Kreuz-Dynamik	46
Spirale	49
Standpunkt	52
Ein Text wird Bild	55
Gegensätze	58
Ein Bild hat viele Facetten	61
Gestalten mit unterschiedlichen Materialien	64
Schlüssel-Erlebnis	64
Ein persönliches Kreuz gestalten	68
Meine Osterkerze gestalten	71
Einen Stein formen	74
Leporello	77
Mandala aus Naturmaterialien	80

Schatzkästchen 84
Ein Stern für dich 87

Gestalten mit Ton 90
    Eindruck wird Ausdruck 90
    Traumgefäße 93
    Wunschkugeln 97
    Krippe – alternativ 100

Literatur 104

Vorwort

Es gibt viele Wege zu Gott. Einer davon ist der, Papier, Farbe, Ton und andere kreative Materialien zur Hand zu nehmen und sich damit auf eine Reise zu begeben. Es ist ein spannender und vielfältiger Weg. Zunächst führt er uns zu uns selbst. Die Sinne werden angeregt, die Wahrnehmung wird erweitert und Stille wird möglich. Die Gedanken sammeln sich, die Hände und das Herz finden einen Ausdruck und die Seele einen Ort, sich zu entfalten.

Genau das wollen die 25 Bausteine in diesem Buch ermöglichen. Sie sind in Erwachsenenbildung und Seelsorge vielfältig einsetzbar und so angelegt, dass sie an die jeweiligen Erfordernisse angepasst werden können. Praktische Tipps zum Material und zur Durchführung finden sich ebenso wie Hinweise zu Themen, Einsatzmöglichkeiten und sinnvoller Gruppengröße. Einige Übungen sind bereits mit konkreten Variationsmöglichkeiten versehen, aber alle sind grundsätzlich dafür geeignet, dass die Leiterinnen und Leiter ihre eigenen Gestaltungsmöglichkeiten einbringen und entdecken.

Die kreative Ausdrucksweise, die Kindern ganz natürlich zugänglich ist, müssen wir als Erwachsene oft erst wieder bewusst ausprobieren und uns aneignen. Auch dazu können diese Übungen einladen und ermutigen.
Die folgende kurze Begebenheit, die von Bettina Egger erzählt wird, illustriert den eben erwähnten Zusammenhang:

„Ich beobachtete Marc, auf dem Boden ausgestreckt, Farbkreiden um ihn herum verstreut. Sein Gesicht war vor Aufregung gerötet, und er malte mit trancehafter Konzentration. Seine Mutter kam herein: ‚Was malst du?' ‚Gott', sagte er mit Überzeugung. ‚Aber wir wissen doch gar nicht, wie Gott aussieht', antwortete seine Mutter. ‚Wart ein bisschen', sagte Marc, etwas verärgert über ihre Beschränktheit, ‚ich zeichne ihn jetzt, und dann wissen wir es.' " (Egger, 1991, S. 8)

So wünsche ich Ihnen, liebe Leserinnen und Leser, viel Freude beim Ausprobieren und Einsetzen der Übungen sowie einen Zuwachs an Kreativität, neuen Sichtweisen und Ausdrucks- und Wahrnehmungsmöglichkeiten.

Ganz herzlich danke ich Andreas Baumeister von der Zeitschrift „ferment" für die Unterstützung beim Entstehen der Texte und Hildegard Kunz vom Don Bosco Verlag für die angenehme und kompetente Begleitung beim Erarbeiten des Manuskripts.

München, im Februar 2008
Almut Haneberg

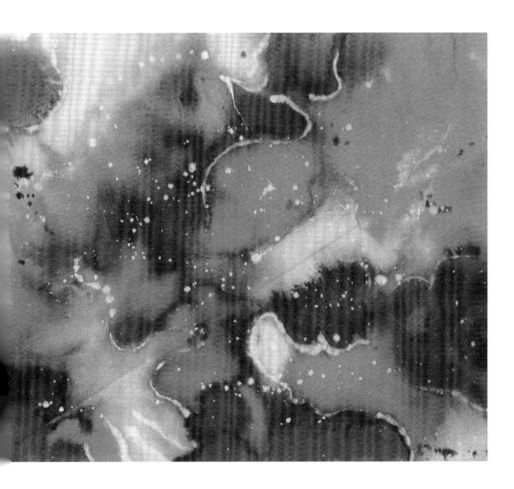

Kreativität und Spiritualität

In der Arbeit mit Menschen und auf der Suche nach meinem eigenen Weg zeigt sich immer wieder, dass Kreativität und Spiritualität wesentlich zusammengehören. Beide sprechen menschliche Grundbedürfnisse an und sind Haltungen, mit denen wir dem Leben gegenübertreten. Um das eigene Leben verstehen und deuten zu können, brauchen wir Menschen jemanden oder etwas, das größer ist als wir selbst. Wir brauchen einen Gott, den es zu suchen und zu entdecken gilt – ganz konkret im eigenen Lebenszusammenhang und in der Begegnung mit anderen. Wenn ich davon ausgehe, dass der „spiritus", der Geist als lebendiger Geist Gottes, in mir selbst und in jedem Menschen wirkt, dann liegt darin eine ungeheure schöpferische Kraft für die Gestaltung des eigenen Lebens. Schöpferische Kraft wiederum – Kreativität also – ist ein Zeichen von Gesundheit, gehört ganz wesentlich zum Lebendigsein und ist in jedem Menschen vorhanden. Zu diesem Schluss kommt Donald W. Winnicott, ein bedeutender Wegbereiter der Kinderpsychotherapie im letzten Jahrhundert (Winnicott, 1971, S. 78). Sein Kollege Paul Mattussek – Mediziner, Theologe und Psychoanalytiker – beschreibt Kreativität als einen Weg zum Glück: „Die im Schöpfungsakt begriffene Person fühlt sich integrierter als im gewöhnlichen Zustand; ist stärker verbunden mit der Welt als üblich; (…) fühlt sich frei von Einengungen; ist spontaner, ausdrucksfähiger als sonst; antwortet stärker auf ihr innerstes Selbst als auf äußere Mächte; fühlt sich niederer Triebkräfte entbunden; erlebt sich als Beschenkte." (Mattussek, 1974, S. 233f). Sich als beschenkt und als gestaltungsfähig zu erleben, eingebunden in einen größeren Zusammenhang, erhöht die Lebensqualität und bereichert den eigenen Glauben. Das Leben gewinnt mehr Tiefe und Sensibilität.

So will dieses Buch Anregungen dazu vermitteln, sich auf einen Prozess einzulassen. Die spirituelle und die kreative Entwicklung können dabei Hand in Hand gehen und sich gegenseitig guttun. Gerade die Erwachsenenbildung, im Zusammenhang von Reflexion, Selbsterfahrung und der Vermittlung menschlicher und religiöser Inhalte, hat darin eine wesentliche Aufgabe: den Alltag zu unterbrechen, zu reflektieren und neue Impulse für das Leben und den Glauben zu geben. Auch eine zeitgemäße Seelsorge hat diese Ziele. Dazu braucht es günstige Bedingungen, Muße, Raum, Zeit und Stille.

Für viele Menschen ist es aber im Getriebe des Alltags gar nicht so leicht, diese Stille zu finden und sich darauf einzulassen. Oft ist es notwendig, den Raum der Stille erst zu eröffnen. Dazu sind kreative Übungen eine wirkliche Hilfe. Sie bieten die Möglichkeit, konkret etwas zu tun, mit den Händen ein Thema zu „begreifen", es abzutasten, zu ordnen, zu sortieren und dadurch zu sich selbst zu kommen. Dabei können die Teilnehmerinnen einem Gefühl, einer Stimmung, einem Problem oder einer Frage nachspüren, sich ausdrücken und sich zeigen. Es entwickelt sich beim Tun ein inneres Gespräch, ein Dialog mit dem, was entsteht, vielleicht auch ein Dialog mit sich selbst oder mit Gott. Die individuelle, einzigartige und ganz persönliche Wahrnehmung und Gestaltung beinhaltet immer wieder Überraschungen: Neue Sichtweisen tun sich auf, eine neue Gestaltungsidee zeigt sich, der Zufall bringt die Lösung des Problems. Und oft genug kommt es dann noch auf die Perspektive an, mit der das entstandene Werk betrachtet wird. Ein Austausch in der Gruppe macht manches sichtbar, was von einer einzelnen Teilnehmerin nicht gesehen und wahrgenommen werden kann. Daher ist es besonders schön und beglückend, die Übungen aus diesem Buch in einer Gruppe durchzuführen, auch wenn viele davon ebenso für die Einzelarbeit geeignet sind.

Den Weg in die Stille, zu sich selbst, zu Gott und den anderen Menschen zu bereiten – das wollen die hier beschriebenen Übungen. Sie sind als Anregungen gedacht, die möglichst konkret umgesetzt werden können. Dennoch sind sie offen für das Weiterdenken, sie sind sozusagen „nicht fertig". Es sind Bausteine für die Bildungsarbeit und die Gestaltung von Meditationen und Gottesdiensten – Vorschläge, die unterschiedliche Intensitäten und Zielsetzungen erlauben. Sie lassen sich zudem gut in den thematischen Kontext eines Seminars einbauen, manche können aber auch in aller Kürze für einen eigenständigen Meditationsimpuls genutzt werden oder den Einstieg in einen Gottesdienst bilden. Die Übungen können also in unterschiedlichen Zusammenhängen eingesetzt und je nach Ziel und verfügbarer Zeit gestaltet werden, und sie sind kompatibel mit dem jeweils vor Ort vorhandenen, eigenen Fundus an Texten und Gebeten. Bei einigen Übungen sind außerdem Texte oder ein Hinweis zur Vertiefung des jeweiligen Themas angefügt. Praktische Tipps zur Vorbereitung und Durchführung, zum Umgang mit dem Material sowie Impulse für die Auswertung runden die Sammlung ab.

Rahmenbedingungen

Zielgruppe und Kontext

Die in diesem Buch angebotenen Übungen wurden in der Bildungsarbeit und der Seelsorge für Erwachsene erprobt. Sie wenden sich an Menschen, die neugierig sind auf Neues und die nach Wegen suchen, ihre Persönlichkeit zu entfalten und in der eigenen Spiritualität zu wachsen; an Menschen, die bewusster mit sich selbst und den anderen umgehen wollen und einen neuen Zugang zu Gott suchen.

Die Übungen sind zunächst eine Möglichkeit, zur Stille und zu sich selbst zu kommen. Sie schaffen damit eine unabdingbare Voraussetzung für Meditation und die Wahrnehmung dessen, was hinter den Dingen ist und sich tief in der Seele bewegt. Sie wollen Erfahrungen vermitteln, die Wahrnehmung vertiefen und helfen, Dinge zu sehen, die bisher unsichtbar waren. Manches, was bisher im Unbewussten schlummerte, kommt ins Bild, wird sichtbar und gestaltbar. Gefühle und Stimmungen gewinnen Form, und das Gestalten fördert einen bewussten Umgang mit sich selbst. Außerdem birgt die kreative Gestaltung die Chance, Neues auszuprobieren und mit Dingen zu experimentieren, die ungewohnt und noch nicht vertraut sind. Das verändert die eigene Sichtweise und erweitert den Horizont. Dadurch kann sich der eigene Handlungsspielraum auch im Alltag vergrößern, denn was auf dem Papier möglich ist, wird denkbar, sichtbar und möglicherweise umsetzbar. Kreatives Gestalten und spirituelle Suche weisen also über sich hinaus und haben zum Ziel, das zu finden, was stimmt – im eigenen Bild, im eigenen Glauben und im eigenen Leben.

Es ist Aufgabe der Leiterin bzw. des Leiters, sich zu überlegen, in welchem Zusammenhang die Übungen eingesetzt werden sollen. Das gewünschte Ziel und die gegebenen zeitlichen und räumlichen Möglichkeiten bestimmen die Durchführung. So erfordert ein einstündiger Meditationsimpuls oder ein Einstieg in den Gottesdienst natürlich eine andere Art des Einsatzes als etwa eine Übung im Rahmen eines längeren Kurses oder eines ganzen Besinnungstags. Wie eingangs schon erwähnt, habe ich einigen Übungen bereits konkrete Variationsmöglichkeiten beigefügt, die kreative Benutzerin bzw. der kreative Benutzer dieses Buches wird sich aber auch von eigenen Einfällen leiten lassen.

Grundsätzliches zur Durchführung

Kreative Prozesse bringen viel in Bewegung. Deshalb ist ein achtsamer Umgang mit ihnen erforderlich. Neben der genauen Überlegung, mit welchem Ziel die Übung eingesetzt und welche Variation gewählt werden soll, ist immer zu bedenken, wie vertraut sich die Mitglieder einer Gruppe sind und wie viel Zeit zur Verfügung steht. Des Weiteren ist wichtig, ob es sich um eine einmalige Veranstaltung handelt oder ob sich die Teilnehmerinnen mehrmals treffen und daher ihre Erfahrungen zu einem späteren Zeitpunkt noch einmal thematisieren können. Sind die Teilnehmerinnen der Leiterin bzw. dem Leiter bekannt, dann ergibt sich eine andere Situation, als wenn man mit Menschen arbeitet, von denen man nicht weiß, was sie beschäftigt und wie sie auf die Impulse reagieren. Es ist hilfreich, sich vorher die Frage zu stellen, was man bei den Teilnehmerinnen anregen möchte, was die Übung auslösen könnte und welche Möglichkeiten es gibt, Menschen aufzufangen, die mit dem, was sie dabei entdecken, allein überfordert sind. Diese Bemerkungen sollen keine Angst machen, sondern einfach nur vor einem allzu sorglosen Umgang mit kreativen Methoden warnen. Denn Bilder und Materialien wirken und können in die Tiefe führen. Das ist zum einen der Sinn und Zweck der Übungen, zum anderen erfordert dieser Sachverhalt aber Behutsamkeit und Sorgfalt.

Die hier vorgestellten Übungen stammen zum größten Teil aus der Kunsttherapie und sind im Rahmen der therapeutischen Arbeit durchaus dazu gedacht, in der Tiefe zu wirken. Ein Seminar im Kontext der Bildungsarbeit oder ein einzelnes, für sich stehendes Meditationsangebot bieten jedoch keinen therapeutischen Rahmen. Deshalb ist es wichtig, darauf zu achten, dass die Teilnehmerinnen bei den Übungen nicht in eine therapeutische Situation geführt werden. Das heißt konkret, dass Zusammenhänge erkannt und benannt, aber nicht weitergehend analysiert werden sollten. Familiengeschichten der einzelnen Teilnehmerinnen werden in diesem Rahmen nicht in ihrer grundlegenden Dynamik aufgedeckt oder bearbeitet. Die Grenzen der Teilnehmenden müssen unbedingt gewahrt und geschützt bleiben. Das heißt konkret: Nicht in die Tiefe bohren, den Widerstand der einzelnen Teilnehmerin gelten lassen und andere bremsen, die vielleicht nicht aufhören können, zu analysieren. Sollte trotzdem ein grundsätzliches Lebensthema aufbrechen, dann ist es notwendig, Gesprächsbereitschaft zu signalisieren. Das kann einfach heißen, eine Teilnehmerin darauf aufmerksam zu machen und ihr Möglichkeiten des Gesprächs, der Seelsorge, der Beratung oder gegebenenfalls auch der Therapie aufzuzeigen. Ein paar gute Adressen von entsprechenden Anlaufstellen sollten daher ebenfalls zum Fundus einer Leiterin bzw. eines Leiters gehören.

Manchmal stellt sich die Frage, ob die Leiterin bzw. der Leiter selbst am Gestaltungsprozess der Gruppe teilnehmen soll. In der Regel ist es sinnvoll, dies nicht zu tun, sondern die Aufmerksamkeit dem Malprozess in der Gruppe zu widmen und die Teilnehmerinnen bei Fragen und Unklarheiten zu unterstützen

Vorbereitung und Motivation

Für eine reibungslose Durchführung werden vor Beginn der Übungseinheit alle notwendigen Materialien bereitgestellt. Dazu gehören Farbe, Papier oder Ton sowie Tische oder entsprechende Unterlagen, wenn auf dem Boden gearbeitet wird. Je nach Beschaffenheit des Raumes ist ein geeignetes Abdeckmaterial hilfreich, denn der kreative Prozess kann auch dadurch gebremst werden, dass die Teilnehmerinnen ständig darauf achten müssen, den kostbaren Boden nicht zu beschmutzen. Gut geeignet zum Arbeiten sind daher Räume ohne Teppichboden. Räume mit Teppich deckt man dagegen am besten mit einer Plane ab. Ein Wasseranschluss im Raum oder in unmittelbarer Nähe erleichtert die Arbeit wesentlich. Bisweilen wird der Raum auch die Auswahl des Materials bestimmen. In der Regel ist es günstig, Tische und Stühle so herzurichten, dass sowohl die im Stuhlkreis erfolgende Einführung in das Thema als auch die kreative Arbeit auf dem Tisch oder dem Boden ohne große Umbauaktionen durchgeführt werden können. Man platziert also z.B. einen Stuhlkreis in der Mitte des Raumes und die Tische an den Wänden entlang. Ideal ist es, wenn jede Teilnehmerin über einen eigenen Arbeitsplatz und eigenes Material verfügt, um ungestört arbeiten zu können. Grundsätzlich gilt: Je besser die Vorbereitung ist, desto leichter ist es, die Teilnehmerinnen zur Stille zu führen.

Sind die „technischen" Voraussetzungen geschaffen, dann ist es häufig notwendig, die Teilnehmerinnen auf das Malen und Gestalten einzustimmen. Dazu gehört zunächst, die Handhabung des Materials zu erklären, also zu erläutern, was mit dem jeweiligen Material möglich ist und was nicht, wie man mit Kreiden, flüssigen Farben und Pinseln sinnvoll umgeht usw. Die Teilnehmerinnen fühlen sich dann sicherer, das Material wird effektiver genutzt, und auch das Aufräumen am Ende wird einfacher. Zusätzlich entstehen oft Malblockaden, weil die Teilnehmerinnen schon in der Schule oder noch viel früher das Gefühl vermittelt bekommen haben, dass sie „nicht malen können". In diesem Fall ist es wesentlich, ihnen zu erläutern, dass sie mit dem Material nichts machen *müssen*, sondern vielmehr alles *dürfen*, und dass alles, was entstehen wird, richtig ist. Die Angst vor Bewertungen und Noten muss also meist benannt werden, um sie dadurch zu beseitigen. Auch feste Vorstellungen davon, wie ein Bild sein müsste, können für den kreativen Prozess hinderlich sein und führen häufig zur Selbstabwertung. Sich von den Farben, den Formen und den eigenen Einfällen ansprechen zu lassen und damit spielen zu dürfen – das kann für das Gestalten ein wichtiger Impuls sein. Das Herz und die Hand wissen, was sie wollen, und die Teilnehmerinnen spüren sehr gut, worauf sie Lust haben und was sie im Moment anspricht. Und schließlich sollte nicht vergessen werden: Ein Bild – und sei es auch eines mit einer noch so gewichtigen Botschaft – ist eine Momentaufnahme. Zu einem anderen Zeitpunkt könnte es ganz anders aussehen.

Nicht zuletzt ist es wichtig, als Leiterin oder Leiter selbst mit der jeweiligen Übung und dem benötigten Material vertraut zu sein, die Übung also schon selbst ausprobiert zu haben. Das ermöglicht es, die benötigte Zeit richtig einzuschätzen, das Material und das Papierformat für den jeweiligen Zeitrahmen richtig auszuwählen und den Teilnehmerinnen das Angebot möglichst einladend zu vermitteln. Zu beachten ist auch, dass die einzelnen Einheiten für die Teilnehmerinnen immer nur ein Angebot sind und diese auch ausdrücklich frei darin sein sollten, aus dem angebotenen Thema das zu machen, was für sie im Augenblick gerade passt. Sie sollten beim Malen und Gestalten nichts gegen ihr Gefühl tun müssen, es sei denn, sie entscheiden sich selbst dafür, ein Thema, mit dem sie spontan nichts anfangen können, als Herausforderung zu sehen und daran zu arbeiten. Sie haben auch die Möglichkeit, etwas vorzeitig zu beenden, noch ein weiteres Blatt zu bemalen oder etwas dem Thema völlig konträres auszudrücken.

Oft wollen die Teilnehmerinnen wissen, wie viel Zeit ihnen zum Arbeiten zur Verfügung steht. Diesen Zeitrahmen zu benennen, gibt einer Einheit Struktur und erleichtert den Teilnehmerinnen die Orientierung. Auch eine Zeitansage während der Übung kann sehr hilfreich sein. Nachdem normalerweise nicht alle gleichzeitig fertig werden, ist es sinnvoll, eine angemessene Pause einzuplanen, in der die einen noch zu Ende gestalten können, während die anderen in Stille im Raum bleiben oder bis zur Auswertung nach draußen gehen.

Bei fast allen Übungen wird in Stille gearbeitet. Grundsätzlich ist es nicht sinnvoll, während des Malens und Gestaltens Musik zu hören, außer, das Thema lautet ausdrücklich „Malen nach Musik". Musik, die einfach nur im Hintergrund ertönt, kann ablenken und verändert die Bilder. Und schließlich ist das Musikhören etwas anderes als das Zur-Stille-Finden, welches ja ein zentrales Anliegen dieser Übungen ist. Es spricht jedoch nichts dagegen, z. B. das Ankommen oder den Abschluss einer Übung mit einem Musikstück oder einem gemeinsamen Lied zu verbinden.

Auswertung und Abschluss

Die Auswertung der Übung hilft dabei, die beim Gestalten gemachte Erfahrung noch mehr ins Bewusstsein zu heben. Etwas noch einmal auszusprechen, kann es konkreter machen und der Malerin den Inhalt noch näherbringen. Besonders sinnvoll ist die Auswertung im Rahmen der Gruppe: Neue Zusammenhänge werden sichtbar, bisher nicht Gesehenes zeigt sich. Zum eigenen Erfahrungsprozess kommt dann die Sicht der anderen hinzu, das Eigene wird ergänzt, bereichert und sogar weitergeführt. Das gemeinsame Betrachten des Entstandenen kann zu einem intensiven Gemeinschaftserlebnis führen. Jede der Übungen in diesem Band enthält einen Vorschlag zur Auswertung. Manchmal sind diese Vorschläge auch gegeneinander austauschbar. Die im Rahmen der Auswertung enthaltenen Impulsfragen sind ein Angebot zur Gestaltung des Gruppengesprächs.

Am besten ist es, die Bilder, wann immer möglich, zur Auswertung an die Wand zu hängen. Der Blick auf sie ist dann für alle frei, und die Malerin muss das Bild nicht in der Hand oder vor sich halten, sondern kann es, wie alle anderen, direkt betrachten. Ein an der Wand befestigtes Bild ermöglicht eine wirkliche Gegenüberstellung. Durch den Abstand kann eine neue Qualität des Dialogs mit dem Bild entstehen – besonders auch für die Malerin selbst. Interessant kann auch die Perspektive sein, aus der ein Bild betrachtet wird: Manchmal ergeben sich völlig neue Zusammenhänge und Blickwinkel, wenn man ein Bild auf den Kopf stellt.

Einige grundsätzliche Dinge sind bei jeder Auswertung zu beachten:
- **Nicht bewerten:** Bei den Gestaltungen geht es um die während des Entstehungsprozesses gemachten Erfahrungen und um das Ergebnis. Beides verdient gleichermaßen Beachtung. Die Teilnehmerinnen sollen ausdrücken, was sie sehen, wahrnehmen und beobachten, wie es auf sie wirkt oder was ihnen zu der jeweiligen Gestaltung einfällt, welche Gedanken oder Fragen ihnen kommen. Die uns so vertrauten Kategorien von „schön" und „hässlich" sind hierbei kontraproduktiv und daher unbedingt zu vermeiden – auch, wenn es dabei um das eigene Bild geht.
- **Nicht analysieren:** Manche Gestaltungen scheinen die Betrachterinnen geradezu dazu aufzufordern, den dahinterstehenden Zusammenhang genauer zu analysieren. Auch hier gilt: Wahrnehmen, benennen, Einfälle und Fragen äußern lassen, aber nicht zu sehr in die Tiefe und ins Detail gehen. Die Kunst der Leiterin bzw. des Leiters muss darin bestehen, die Künstlerin und die Gruppe dahin zu führen, etwas mitzuteilen, es auf den Punkt zu bringen und es aber dann auch wieder so stehen zu lassen.
- **Nicht diskutieren:** Bei der Auswertung geht es nicht um eine Diskussion, sondern zunächst einmal um das Erzählen und Mitteilen von Erfahrungen. Es ist hilfreich, diese Erfahrungen zu benennen und in der Gruppe zu sammeln. Nicht das Hin und Her, das Pro und Contra führen in die Tiefe, sondern die unterschiedlichen Sichtweisen und Erkenntnisse, die gleichberechtigt nebeneinander stehen und bei denen die Gestalterin entscheiden kann, welche für sie passen und welche eben nicht.

Wenn diese Regeln bei der Auswertung beachtet werden, dann kann es gelingen, einen Raum zu schaffen, in dem sich die einzelnen Teilnehmerinnen wohlfühlen, keinen „Seelenstriptease" machen müssen und wo das Geben und Nehmen in gegenseitiger Wertschätzung und Achtung geschehen kann. Bisweilen kann weniger reden „mehr" sein, und es braucht Momente der Stille, um das Gesehene und Gesagte wirken zu lassen.

Der Abschluss der Einheiten wird dann nach den jeweiligen Erfordernissen und Bedürfnissen der Gruppe, der Leitung und der konkreten Situation gestaltet. Während die eine Leiterin einen Tanz anregt, liest die andere lieber ein Gedicht vor oder nutzt die Stille als bewusstes Element zum Sammeln der persönlichen Erfahrungen der Teilnehmerinnen. Das ist, je nach Geschmack, individuell und situationsbezogen zu handhaben. Auch für den Abschluss finden sich bei den einzelnen Übungen in diesem Buch Vorschläge.

Praktische Tipps zu Material, Papier und Arbeitshaltung

Obwohl es bei den beschriebenen Übungen nicht nur um das Ergebnis, sondern auch um den kreativen Prozess an sich geht, ist es für einen guten Verlauf wichtig, das entsprechende **Material** in ausreichender Menge zur Hand zu haben. Als geeignete Bezugsquelle bietet sich dabei ein Künstlergroßhandel – oft auch in Form eines Versandhandels – an. Dort bekommt man fast alles, was man für die Übungen in diesem Buch braucht. Vielfach werden in den Katalogen dieser Geschäfte von einer Sorte Material sehr unterschiedliche Preisklassen angeboten. In der Regel reichen die zu einem günstigen Preis angebotenen Materialien für die Übungen in diesem Buch völlig aus, trotzdem ist die Qualität im Künstlergroßhandel meist besser als bei üblichem Schulmaterial oder bei den Abtönfarben aus dem Baumarkt. Zwar kann alternativ auch mit diesen Materialien gearbeitet werden, allerdings gestalten sich Verarbeitung und Ergebnis mit qualitativ besserem Material lustvoller und ästhetischer.

Welches Material verwendet wird, ist zunächst einmal von der jeweiligen Übung und ihrem Ziel abhängig. Unterschiedliche Materialien haben jeweils ihre eigene Dynamik und ihre spezifische Wirkung. Festes Material z.B., so etwa Ölpastellkreiden, bringt ein eindeutiges Ergebnis, vermittelt Sicherheit und bietet Widerstand, während flüssiges Material schneller die Gefühle ins Fließen bringt. Mit Acryl- oder Gouachefarben kann man mit Pinsel oder Spachtel arbeiten, aber auch direkt mit den Händen. Dann wird die Berührung mit dem Thema noch direkter, der Tastsinn wird stärker angesprochen und das Unbewusste unter Umständen schneller ausgedrückt.

Auch die **Arbeitshaltung** beeinflusst den Malprozess. Es ist anders, am Tisch oder an der Wand zu arbeiten, als auf dem Boden sitzend. Ersteres ermöglicht einen besseren Überblick oder gar die direkte Gegenüberstellung mit dem Thema. Am Boden zu sitzen, fördert dagegen die Regression und bringt Geschichten und Gefühle aus der Kindheit leichter ins Bewusstsein, als auf einem Stuhl am Tisch zu sitzen oder aufrecht zu stehen. Da es sich bei der Durchführung dieser Übungen nicht um ein therapeutisches setting handelt, rate ich davon ab, die Teilnehmerinnen auf dem Boden sitzend mit flüssigen Farben und direkt mit den Händen arbeiten zu lassen.

Bei der Arbeit mit **Ton** ist ebenfalls zu beachten, dass es einen Unterschied macht, ob jemand auf dem Boden sitzt oder am Tisch. Ton ist ein Material, das einen sehr direkten Zugang zu Gefühlen verschaffen kann. Deshalb ist die Arbeit auf dem Boden in dem für die vorliegenden Übungen gegebenen setting ebenfalls nicht angezeigt. Wird bei einer Übung mit Ton geraten, beim Arbeiten die Augen zu schließen, dann sollte dies immer als Angebot formuliert sein und ausdrücklich darauf hingewiesen werden, dass jeder die Freiheit hat, die Augen zu öffnen, wenn es unangenehm wird, weil er beispielsweise Angst bekommt.

In der Regel sind in den folgenden Übungen sowohl die benötigten Materialien als auch die Art und Weise des Arbeitens beschrieben bzw. vorgeschlagen. Um entsprechend auswählen zu können, ist es wichtig, die Materialien und ihre Gesetzmäßigkeiten zu kennen sowie einschätzen zu können, welche Menschen an der Übung teilnehmen. Zudem sollte man den gegebenen Zeitrahmen und das Ziel im Auge haben. Wenn die Teilnehmerinnen sich völlig fremd sind und es sich um einen zeitlich sehr begrenzten Rahmen handelt, dann ist man mit festem Material immer gut beraten. Wenn eine Gruppe miteinander vertraut ist und auch mehr Zeit und Raum vorhanden ist, um das Entstandene auszuwerten oder gegebenenfalls etwas aufzufangen, dann kann man sich guten Gewissens auch an flüssige Materialien heranwagen. Ganz ausschließen, dass bei den Übungen etwas aufbricht, kann man nie. Es ist ja auch ihr Sinn, in den Menschen etwas zu bewegen. Nur sollte man als Leiterin bzw. Leiter die Wirkung des Materials nicht unterschätzen und bei der Auswahl sorgfältig vorgehen.

Zuweilen ist es möglich, die Teilnehmerinnen das Material selbst auswählen zu lassen, was diese in der Regel mit Kompetenz tun. Bei einigen Übungen ist es jedoch nötig, ein bestimmtes Material vorzugeben, und manchmal ist es auch einfach zu aufwändig, verschiedene Materialien zur Auswahl bereitzustellen. Eine weitere Möglichkeit ist es, dass die Teilnehmerinnen ihr Material mitbringen. Nur ist dann im Vorfeld immer zu klären, was zur Verfügung steht, damit das, was für die Übung gebraucht wird, auf jeden Fall in ausreichender Menge vorhanden ist. Grundsätzlich ist es vorteilhaft, wenn jede Teilnehmerin ihren eigenen Platz hat und den Malkasten nicht mit jemandem teilen muss. Manchmal sprechen aber Kostengründe dagegen, z. B. so viele Kästen Ölpastellkreiden anzuschaffen, wie Teilnehmerinnen kommen. Eine gute Möglichkeit – gerade, wenn es sich um ein mehrmaliges Angebot handelt – ist es auch, ausreichend Kästen zum Verkauf bereitzuhalten. So können die Teilnehmerinnen zu Hause damit weiterarbeiten. Auch das Sortieren der Kreiden am Ende einer Veranstaltung entfällt damit. Schließlich sollte sich das Material in einem Zustand befinden, in dem es einladend wirkt und die Teilnehmerinnen es gerne benutzen. Das bedeutet, dass das regelmäßig verwendete Material, wie Kreiden, Stifte u. a., von Zeit zu Zeit auf Vollständigkeit überprüft und gegebenenfalls ergänzt werden muss. Ebenso müssen Farbkästen oder Farbpucks gereinigt und sauber sein, um zum Malen zu animieren.

Die Auswahl des **Papierformats** richtet sich danach, wie viel Zeit für eine Übung eingeplant ist und mit welchem Material gearbeitet wird. Je größer das verwendete Papier ist, desto länger kann die Gestaltungsphase dauern, allerdings ist es auch klar, dass für eine Gestaltung, bei der ein dicker Pinsel und flüssige Farben verwendet werden, mehr Platz benötigt wird als für ein Bild, das mit Buntstiften oder Ölpastellkreiden gemalt wird. Grundsätzlich ist zu erwähnen, dass große Formate die Möglichkeit bieten, etwas in aller Ausführlichkeit und Größe zu entfalten, während kleine Formate die Konzentration auf eine wesentliche Aussage fördern. Beides kann bewusst eingesetzt werden.

Beim **Einkauf von Papier** ist auf die Stärke und die Oberfläche des Papiers zu achten. Grundsätzlich ungeeignet ist poliertes oder beschichtetes Papier, wie es häufig für Kalender oder Plakate verwendet wird. Gut arbeiten kann man mit Papier in der Qualität von 120 g/m² aufwärts. Für festes, d. h. trockenes Material ist diese Stärke ausreichend. Für die Arbeit mit flüssigen Farben ist Papier von 170 bis 200 g/m² zu empfehlen. In den üblichen DIN-Formaten ist dieses Papier als Block erhältlich, wenn es größere Formate sein sollen, dann bekommt man es als Bogen. Ein spezielles Aquarellpapier benötigt man für die hier beschriebenen Übungen nicht. In der Regel ist weißes oder naturweißes Papier sinnvoll. Benutzt man bei einigen Übungen alternativ Packpapier, dann kann auch die Arbeit auf einem hellbraunen Papier sehr reizvoll sein.

Bei den Übungen wird mit folgenden Materialien gearbeitet:
- **Ölpastellkreiden:** Kreiden, die den Wachsmalkreiden ähnlich sind, nur sind sie weicher als diese und in mehreren Schichten zu verarbeiten. Daher können mit ihnen auch Farben untereinander gemischt oder anschließend mit dem Finger verwischt werden. Im Unterschied zu den Pastellkreiden enthalten sie Öl als Bindemittel, haften besser und müssen anschließend nicht fixiert werden. Ein Kasten mit 24 Farben bietet ein Farbspektrum an, mit dem auch Anfänger gut zurechtkommen.

- **Neocolorkreiden:** Hochwertige Kreiden der Firma Caran d'Ache, die fester sind als Ölpastellkreiden, mehr Widerstand bieten und in mehr Farbschichten übereinander angelegt werden können. Sie sind als wasserfeste und wasserlösliche Variante erhältlich.
- **Wachsmalkreiden:** Sie sind härter als Ölpastellkreiden und bieten mehr Widerstand, allerdings kann man die Farben damit weniger gut übereinanderschichten und mischen. Wachsmalkreiden werden in diesem Buch nur für einige wenige Übungen vorgeschlagen, weil ihre Eigenschaften einen weit weniger differenzierten Ausdruck erlauben als Ölpastellkreiden. Wenn man sie verwendet, dann sind Kreiden ohne Plastikhülle zu bevorzugen.
- **Acrylfarben:** Flüssige Farben, die matt trocknen und wegen des Kunststoffes, den sie enthalten, anschließend wasserfest sind. Acrylfarben sind untereinander mischbar und auch gut großflächig zu verarbeiten. Man erhält sie in kleinen Tuben und in großen Flaschen. Letztere müssen vor dem Verwenden geschüttelt werden, damit sich Pigmente und Binder vermischen. Gibt es unerwünschte Flecken, dann sollte man sie sofort mit Wasser auswaschen.
- **Gouachefarben:** Gouachefarben sind flüssige Farben, die matt trocknen und auch in diesem Zustand noch wasserlöslich sind. Ansonsten gilt für sie das Gleiche wie für Acrylfarben.
- **Zeichenkohle:** Zeichenkohle bekommt man entweder im „Naturzustand", in Form verkohlter Ästchen in unterschiedlicher Dicke, oder aber als Stift gefasst. Die Kohle ist sehr weich und verwischt leicht, deshalb ist es notwendig, die Zeichnungen anschließend zu fixieren. Dazu verwendet man Fixativ oder einfach Haarspray bzw. Haarlack.
- **Buntstifte:** In Holz gefasste Farbminen, die man beim Discounter, im Schreibwarengeschäft oder im Künstlerfachgeschäft kaufen kann.
- **Aquarellstifte:** Buntstifte, die wasserlöslich sind und anschließend mit Pinsel und Wasser angelöst und dadurch fixiert werden. Aquarellstifte sind sowohl in Schul- als auch in Künstlerqualität erhältlich.
- **Grafitstifte:** Dicke (ca. 5 bis 10 mm), mit einer Schutzhülle versehene Bleistiftminen in unterschiedlichen Härtegraden und Stärken. Sie sind auch mit Holzfassung erhältlich, für das direkte Malen und für kräftige Striche sind jedoch Grafitstifte ohne Fassung besser geeignet.
- **Deckfarben:** Hierbei handelt es sich um den gewöhnlichen Malkasten für die Schule oder den Kindergarten. Bei Deckfarben ist es sinnvoll, nicht die billigste Qualität zu verwenden, weil diese weit weniger gut deckt. Es gibt sie auch als große Farbpucks, die vor allem dann geeignet sind, wenn man großflächig und viel mit ihnen arbeiten will.
- **Maschendraht** oder **Hühnergitter:** Ein Drahtgeflecht aus Sechseckformen, wie es oft auch für Hasen- oder Hühnerställe verwendet wird. Es ist in un-

terschiedlichen Breiten in Rollen im Baumarkt erhältlich und sehr biegsam und formbar. Für die in diesem Buch vorgeschlagene Übung reicht eine schmale Rolle aus. Für künstlerische Zwecke eignet sich unbeschichtetes Gitter besser als beschichtetes.

- **Wachsplatten:** Buntes Wachs in dünnen Platten, das zur Gestaltung von Kerzen verwendet wird. Wachsplatten in den unterschiedlichsten Farben gibt es im Kerzenfachgeschäft.
- **Speckstein:** Dieser weiche Stein ist in verschiedenen Farben und Härtegraden erhältlich. Um die gewünschte Größe zu bekommen, kann man den Speckstein auch zersägen. Im Schulmaterialien- oder Künstlerfachhandel werden auch Säcke mit unterschiedlichen Steinen, z. B. für Schulklassen, angeboten.

Zum Schluss noch ein paar praktische Tipps zu Werkzeugen und anderen nützlichen Helfern, denn das kreative Tun macht dann Spaß, wenn man das richtige Werkzeug zur Verfügung hat und wenn man weiß, wie man damit umgeht und es pfleglich behandelt. So ist es am Anfang oft notwendig zu erklären, wie Farben benutzt werden, was die Teilnehmerinnen damit machen können und wie das Werkzeug zu handhaben ist. Eine gute Einführung beugt hier bösen Überraschungen und teurem Verschleiß vor.

- **Pinsel:** Zum großflächigen Arbeiten eignen sich am besten Borstenpinsel in der Breite von 1,5 und 3 cm. Es ist gut, auch einige feinere und breitere Pinsel im Angebot zu haben, zu viele feine Pinsel jedoch verleiten gerade ängstliche oder unerfahrene Malerinnen dazu, sich in Details zu verlieren. Auch bei den Pinseln ist eine einfache Künstlerqualität für unsere Zwecke völlig ausreichend, und eine konsequente Pflege gewährleistet eine lange Haltbarkeit. Die Pinsel sollen also auch beim Arbeiten nicht längere Zeit mit Acryl- oder Gouachefarbe angefüllt herumliegen, denn dann werden sie schnell hart und unter Umständen unbrauchbar. Allerdings stehen sie auch nicht gern stundenlang im Wasser. Bei Haarpinseln genügt es nämlich schon, sie nur kurze Zeit im Wasserglas stehen zu lassen, dass die Haare abknicken und sie nicht mehr verwendet werden können. Die Pinsel werden nach dem Gebrauch am besten mit warmem Wasser und flüssiger Seife (ideal wäre Kernseife) gründlich gereinigt. Dazu gibt man etwas flüssige Seife in die Hand und wäscht vorsichtig und gründlich die Haare des Pinselkopfs. Dann wird der Pinsel mit Wasser ausgespült und zum Trocknen mit dem Stiel nach unten in ein Glas gestellt. So hat auch die nächste Malerin noch einen sauberen Pinsel, und diese können lange Zeit verwendet werden.
- **Scheren** und **andere Werkzeuge:** Sie müssen für das jeweils verwendete Material geeignet sein und entsprechend angeboten werden. Muss Draht

geschnitten werden, dann sollte man keine Papierscheren dafür verwenden, und mit Zweigen ist eine Haushaltsschere in der Regel überfordert. Auch hier gilt also: genau benennen, was wofür verwendet wird.

- **Unterlagen:** Einen Arbeitsplatz gut vorzubereiten, steigert die Freude am Arbeiten. Außerdem ist zu bedenken, dass alles, was auf der Unterlage bleibt, am Ende nicht extra weggeputzt werden muss. Unterlagen – gerade, wenn man sich eine stabilere Plane für einen größeren Raum angeschafft hat – lassen sich gut mehrmals einsetzen.
- **Teller:** Für Acryl und Gouachefarben benötigt man sozusagen eine „Palette". Hierfür kann man alte, flache Teller gut verwenden. Ist der Transport solcher Teller zu schwer, dann tun es auch Pappteller. Wenn Acrylfarben verwendet werden, kann man die Farbreste auf dem Teller einfach trocknen lassen. Bei Gouachefarben macht man den Teller entweder ganz sauber oder löst die eingetrockneten Farbreste beim nächsten Mal mit Wasser wieder an. Beschichtete Pappteller eignen sich besser für die Wiederverwendung als unbeschichtete. Acrylfarben lassen sich nämlich ab einer gewissen Dicke der Farbschicht gut ablösen, und wenn man die Farben abwischt, dann ist ein beschichteter Teller widerstandsfähiger gegen Wasser.
- **Wassergefäße:** Besonders gut eignen sich hierfür nicht zu kleine Marmeladengläser oder große Joghurtbecher.
- **Lappen:** Gerade, wenn mit flüssigen Farben gearbeitet wird, ist ein Baumwolllappen oder eine Toilettenpapier- bzw. Küchenrolle sehr hilfreich. Damit kann dem Pinsel nach dem Auswaschen überflüssiges Wasser entzogen werden.
- **Kleidung:** Es empfiehlt sich, die Teilnehmerinnen nach Möglichkeit auf farbfleckenunempfindliche Kleidung oder das Mitbringen einer Schürze hinzuweisen. Sollte doch einmal Farbe an eine Stelle kommen, wo sie nicht hingehört, dann muss man diese möglichst schnell mit Wasser auswaschen. So bestehen gute Chancen, dass nach dem Waschen nichts mehr davon zu sehen ist.
- **Aufräumen:** Das Aufräumen ist zwar lästig, es gehört aber dazu. In jedem Fall ist es sinnvoll, die Gruppe daran zu beteiligen. Flüssige Farbreste kann man – wenn sie nicht schon zur braunen Brühe gemischt sind – eine Zeit lang in kleinen, verschlossenen Kunststoffdosen aufbewahren und dann wiederverwenden. Wenn man Farbreste in den Abfluss spült, dann ist ein Abflusssieb notwendig, gegebenenfalls nimmt man dafür auch ein Stück Feinstrumpfhose, das über den Abfluss gespannt wird. Auf diese Weise werden unnötige Verstopfungen verhindert. Das benutzte Material und die Tische werden gesäubert und der Abfall gemäß der örtlichen Mülltrennungsvorschriften entsorgt.

Übungen

Puzzle

Thema
viele Teile – ein Ganzes; jedes Mitglied der Gruppe hat seinen Platz; Gemeinschaft und Gemeinde

Einsatzmöglichkeiten
zu Beginn oder am Ende eines Seminars; zur Bearbeitung eines Themas oder als eigenständige Einheit; zum Sichtbarmachen der Gruppendynamik

TeilnehmerInnenzahl
mindestens 8 und maximal 25 bis 30 Personen

Zeitrahmen
2 bis 4 Stunden, je nach Gruppengröße

Material
- ein großer Bogen festes, weißes Papier oder auch Packpapier
- ein zweiter, gleich großer Bogen Papier als Untergrund für das zusammengesetzte Puzzle
- Ölpastellkreiden oder Acrylfarben
- Scheren, Krepp-Klebeband
- Abdeckmaterial bzw. Malunterlage
- bei flüssigen Farben: alte Teller, Pappteller oder Eierkartons für die Farbe, Pinsel, Wassergläser

Arbeitshaltung
am Tisch

Vorbereitung

Um das Papier entsprechend vorzubereiten, muss zunächst die Größe des Bogens errechnet werden. Sie richtet sich nach der Anzahl der Teilnehmerinnen und der zur Verfügung stehenden Zeit: Kalkulieren Sie mindestens 30 x 40 cm und höchstens 50 x 60 cm pro Person, errechnen Sie die Gesamtgröße und schneiden Sie den Papierbogen dann entsprechend groß zu. Für 8 Personen ergeben sich beim kleineren Maß etwa 1 m^2, beim größeren ca. 2,4 m^2, d.h., der Papierbogen kann im ersten Fall quadratisch sein, im zweiten Fall 1,5 m lang und 1,6 m breit, je nachdem, ob die Fläche aus einzelnen Bögen zusammengesetzt oder von einer Papierrolle geschnitten wird und welche Maße zur Verfügung stehen. Bei der Verwendung von Kreiden ist das kleinere, bei flüssigen Farben das größere Maß sinnvoll. Als Nächstes zeichnen Sie auf den Papierbogen so viele Puzzleteile, wie Teilnehmerinnen mitarbeiten, und markieren die Rückseite des Bogens mit einer farbigen Struktur, damit später auch bei den Einzelteilen Vorder- und Rückseite gut zu unterscheiden sind. Eine Puzzlestruktur für 9 Teile kann etwa so aussehen:

Ablauf

Wird das Puzzle zu einem bestimmten Thema gestaltet, dann wird zunächst das Thema genannt und kurz eingeführt. Jedoch kann auch das Puzzle allein schon Thema sein. Nach einigen einführenden Gedanken zerschneiden die Teilnehmerinnen den Papierbogen in die einzelnen Teile. Jede sucht sich ein Teil aus und gestaltet es mit Ölpastellkreiden oder Acrylfarbe. Je nach Ziel der Einheit können die Teilnehmerinnen dabei ihre eigene, momentane Befindlichkeit oder ein gemeinsames Thema ausdrücken. Beim Gestalten arbeiten die Teilnehmerinnen in Stille und jede für sich. Wenn alle fertig sind, wird das

Puzzle zusammengesetzt, auf den zweiten, gleich großen Bogen gelegt und
– vor allem bei Gestaltungen mit flüssigen Farben – mit Röllchen aus Krepp-Klebeband auf der Rückseite fixiert. Dazu benötigt man eine gewisse Geschicklichkeit. Neugier, Staunen und Bewunderung gehören zu dieser Übung dazu, da es spannend ist, mitzuverfolgen, wie aus den Einzelteilen das Gesamtkunstwerk entsteht und meist sehr eindrucksvolle Gestaltungen sichtbar werden.

Auswertung

Zur Auswertung der Übung gehört zunächst das Schauen. Alle gehen in Ruhe um das ganze Werk herum und betrachten es aus den unterschiedlichen Perspektiven. Dann schließt sich ein Gespräch an, bei dem folgende Impulsfragen als Anregung dienen können:
- Wo ist das von mir gestaltete Teil (an der Ecke, außen, innen)? Habe ich das Teil bekommen, das ich wollte?
- Was habe ich während des Gestaltens gedacht, gefühlt und erlebt? Was ist mir dabei eingefallen?
- Welche Ähnlichkeiten sehe ich bei den verschiedenen Teilen? Was bezieht sich aufeinander, was ist überraschend, was schön oder erfreulich? Was ist mir unangenehm? Wie geht es mir mit den Teilen, die neben meinem liegen?
- Was fällt mir auf, wenn ich das Gesamtbild betrachte? Welche Farbe fehlt?
- Gibt es vielleicht einen Titel für das entstandene Bild?

Für eine gemeinsame Deutung des Erfahrenen wird von der Gruppenleiterin bzw. dem Gruppenleiter oder den Teilnehmerinnen thematisiert, was zu einem Puzzle dazugehört: Jedes Teil ist wichtig und hat seine Bedeutung. Fehlt eines, dann ist das Bild unvollständig. Es ist nicht ganz einfach, aus den Einzelteilen das Gesamtbild zusammenzusetzen. Es gibt einerseits Grenzen zwischen den Teilen, gleichzeitig aber auch einen großen Zusammenhang, und das Puzzle braucht einen Grund, der es trägt. Auf die Gruppe übertragen, kann dieses Bild u. a. sagen: Jedes Gruppenmitglied mit seiner ganz eigenen Individualität ist für die Gruppe unverzichtbar. Es gibt ähnliche Erfahrungen, die ineinandergreifen und doch ganz einzigartig sind, es gibt Ähnlichkeiten und Gegensätze und einen Boden, der die Gruppe und das Leben überhaupt trägt.

Abschluss

Abgeschlossen werden kann die Einheit mit einem Ritual der Wertschätzung oder einer Art Wortgottesdienst. Das kann etwa so ablaufen:
- ein passendes Lied
- Stille, um den Mal- und Gesprächsprozess noch einmal zu erinnern
- ein Teelicht anzünden und es mit einer Bitte, einem Dank, einem Gedanken oder in Stille auf das eigene Puzzleteil abstellen. Dieses Tun kann mit einem Liedruf begleitet werden
- eine passende Bibelstelle vorlesen
- gemeinsam ein Gebet sprechen, z. B. das Vaterunser
- mit einem Segensgebet und einem Lied abschließen

Variationsmöglichkeiten

Statt der Durchführung in einer einzigen Einheit kann die Übung auch auf mehrere Arbeitseinheiten verteilt werden, die jeweils z. B. das Gestalten des Puzzles, die ausführliche Auswertung – auch unter Berücksichtigung gruppendynamischer Aspekte – und den Abschluss als Wortgottesdienst umfassen. Ebenso kann man zum Abschluss auch nur eines der oben genannten Elemente auswählen.

Literatur

Die hier dargestellte Gestaltungsidee stammt aus: *Bommersheim, Gerlach:* Rotkäppchen im Schwarzweißfilm (Schriftenreihe der APAKT), Claus Richter Verlag, Köln 1998, S. 136f.

Blindes Selbstporträt

Thema
Wie sehe ich mich, wie siehst du mich? – Lernen wir uns kennen!

Einsatzmöglichkeiten
als Vorstellungsrunde oder eigenständige Einheit; eine künstlerische und thematische Vertiefung ist möglich

TeilnehmerInnenzahl
beliebig viele, aber auch als Einzelarbeit geeignet

Zeitrahmen
45 bis 90 Minuten, für die künstlerische Weiterarbeit und Auswertung ca. 1 bis 3 Stunden, jeweils abhängig von der Gruppengröße und der Intention

Material
- festes Zeichenpapier im DIN-A3-Format, Zeichenkohle oder weicher Bleistift (z. B. 5B)
- Krepp-Klebeband zum Befestigen des Papiers
- Haarspray oder Fixativ zum Fixieren
- Tücher zum Verbinden der Augen

Arbeitshaltung
sitzend am Tisch

Zur Weiterarbeit
- ein größerer Papierbogen (mindestens 50 x 70 cm)
- Ölpastellkreiden
- Ausschnittsucher: ein kleines Fenster in ein größeres Stück Papier schneiden

Vorbereitung

Die Teilnehmerinnen bereiten ihren Arbeitsplatz vor. Jede befestigt mit Krepp-Klebeband ein Papierblatt im DIN-A3-Format auf der Malunterlage oder auf dem Tisch. Zeichenkohle oder Bleistift liegen griffbereit.

Ablauf

Die Teilnehmerinnen schließen die Augen oder verbinden sie mit einem Tuch. Dann nehmen sie die Kreide, tasten mit der einen Hand ihr Gesicht ab und versuchen mit der anderen Hand das Ertastete mit Kohle oder Bleistift auf das Papier zu bringen. Sie zeichnen so lange, bis sie denken, dass das Bild fertig ist, und warten mit geschlossenen Augen, bis auch die anderen den Malprozess beendet haben. Dann sollen die Teilnehmerinnen sich darauf einstellen, das Ergebnis zu betrachten. Der Moment des Wahrnehmens, die Überraschung, das Staunen oder das Erschrecken – all das soll bewusst gespürt werden. Das Malen mit verbundenen Augen reduziert die eigenen optischen Ansprüche auf null. Der Moment, in dem die Augen geöffnet werden und das Ergebnis sichtbar wird, birgt immer eine Überraschung in sich – Staunen, Schauen und Entdecken. Es ist eine Momentaufnahme, die nachdenklich und wach machen kann.

Auswertung

Die Bilder werden für alle sichtbar an einer Wand aufgehängt, und alle können in der Runde erzählen, was sie bei dieser Übung erlebt haben. Folgende Impulsfragen sind dazu interessant:
- Wie ist es mir dabei ergangen, blind zu arbeiten?
- Welche Formen der Wahrnehmung werden dabei plötzlich deutlicher?
- Wie war der Moment, als ich das Bild zum ersten Mal gesehen habe? Welche Gefühle sind dabei aufgetaucht?
- Ist das Bild so, wie ich es mir vorgestellt habe, oder ganz anders?
- Welche Stimmung transportiert mein Bild? Entspricht sie der Stimmung, die ich wahrnehme, oder zeigt sich im Bild noch etwas ganz anderes?

◆ Was hat das Bild mit mir zu tun?

Nach dem Austausch werden die Bilder mit Haarspray fixiert, damit die Kohle nicht verwischt.

Abschluss

Möglichkeiten zum Abschluss sind:
◆ gemeinsame Stille
◆ ein passender biblischer Text, z. B. Psalm 139
◆ ein Gedicht, ein Gebet oder ein Segensspruch

Möglichkeiten zur Weiterarbeit

Mithilfe eines Ausschnittsuchers (s. oben) bestimmen die Teilnehmenden einen Bildausschnitt, der sie besonders interessiert. Dieser wird dann auf ein neues Blatt vergrößert und daraus mit Ölpastellkreiden ein eigenes Bild entwickelt. Es kann inhaltlich an das anknüpfen, was im Selbstporträt sichtbar geworden ist, oder durch die Arbeit mit Farben und Formen den eigenen Ausdruck verstärken, das Thema, das sich hinter dem Porträt verbirgt, noch deutlicher zum Vorschein bringen. Auch diese neu entstandenen Bilder werden anschließend aufgehängt, am besten neben das ursprüngliche Porträt, und können dann besprochen werden. Interessant kann es sein, dabei mit den Wahrnehmungen der anderen Gruppenmitglieder zu beginnen und die Wahrnehmung der Malerin selbst erst zum Schluss zu hören. Als Zeit sparende Alternative ist es auch möglich, dass die Malerinnen nur einen Titel für ihr Bild finden und es damit benennen.

Wildes Bild

Thema
wilde, leidenschaftliche, ungestüme Gefühle ausdrücken; die Kraft der eigenen Gefühle spüren; Leidenschaft bzw. Passion

Einsatzmöglichkeiten
wenn starke Gefühle da sind und einen Ort brauchen; wenn die Scheu groß ist, starke Gefühle auszudrücken

TeilnehmerInnenzahl
beliebig viele, aber auch als Einzelarbeit geeignet

Zeitrahmen
1 bis 3 Stunden, je Gruppengröße; zum Malen mind. eine halbe Stunde

Material
- festes Zeichenpapier, mind. im DIN-A3-Format
- Ölpastellkreiden oder Neocolor-Künstlerkreiden von Caran d'Ache, alternativ Wachsmalkreiden und größeres Papier
- Schulmalkasten
- Krepp-Klebeband, Wassergläser, Pinsel

Arbeitshaltung
sitzend oder stehend am Tisch oder an der Wand

Vorbereitung

Die Teilnehmerinnen richten zunächst ihre Arbeitsplätze her. Wichtig ist eine feste Unterlage, am besten ein Tisch oder die Wand. Das verwendete Zeichenpapier darf nicht zu leicht sein und wird auf der Unterlage fest fixiert.

Ablauf

Diese Übung bietet den Teilnehmerinnen einen Rahmen, wilde, leidenschaftliche Gefühle auszudrücken und sie beim Malen noch intensiver zu entdecken. Da wir uns fast alle sozial angepasst verhalten oder verhalten müssen, ist es schwierig, unsere wilden Seiten zu leben und auszudrücken. Entsprechende Gefühle dürfen sich bei dieser Übung zeigen, sie bekommen im Bild eine Gestalt und einen Rahmen. Daher beginnt die Übung auch damit, dass die Teilnehmerinnen das Papier mit einem farbigen Rahmen versehen. Damit wird symbolisch der Ort bestimmt, an dem die Gefühle wirken. Dann füllen die Teilnehmerinnen den Rahmen mit Bewegung und Farbe und können darin all das zum Ausdruck bringen, was für sie „wild" ist. Bewegung und Farbe tun ihre Wirkung, denn in der Regel entfaltet sich beim Malen ein sehr dynamischer Prozess. Mehrere Farbschichten können übereinandergelegt werden, was am intensivsten mit den Künstlerkreiden, aber auch mit Ölpastellkreiden möglich ist. Wachsmalkreiden bieten den wilden Gefühlen ebenfalls einen guten Widerstand. Da mit ihnen aber weniger Farbschichten übereinandergemalt werden können, benötigen die Teilnehmerinnen hierfür ein größeres Papierformat. Bei Bedarf können die Bilder noch mit Wasserfarben aus dem Malkasten ergänzt oder übermalt werden.

Auswertung

Die Bilder werden im Raum aufgehängt. Nach einer ausführlichen Betrachtung der einzelnen Werke kann es in einem anschließenden Gespräch um Folgendes gehen:
- Was sehe ich und was fällt an einzelnen Bildern auf?
- Haben die Bilder etwas gemeinsam, und wenn ja, was?
- Wie erging es mir? Habe ich etwas von der wilden Kraft gespürt?
- Habe ich im Malprozess vielleicht etwas Neues entdeckt?

Dabei ist gut darauf zu achten, im Hier und Jetzt zu bleiben und nicht alte Familiengeschichten abzufragen, die den Gefühlen eventuell zugrunde liegen. Stattdessen geht es um Momentaufnahmen und darum, die wilden Bilder in der Runde willkommen zu heißen und mit ihnen auch die vielen leidenschaftlichen Kräfte, die vorhanden sind.

Abschluss

Zum Abschluss oder zur Vertiefung der Einheit eignen sich:
- ein Tanz nach unterschiedlich wilder Musik
- ein wildes Trommelkonzert
- ein Lied, ein passender Bibeltext, z.B. Dtn 6,4f. oder Apg 2,1–4 (Pfingsten)
- ein leidenschaftliches Gebet

Eine Postkarte für dich und mich

Thema
etwas auf den Punkt bringen; mir selbst oder anderen etwas sagen; eigene Wünsche wahrnehmen; etwas Besonderes mitnehmen

Einsatzmöglichkeiten
am Anfang eines Seminars oder zur Auswertung einer Veranstaltung; als eigenständige Einheit

TeilnehmerInnenzahl
- beliebig viele, aber auch als Einzelarbeit geeignet

Zeitrahmen
- 1 bis 1,5 Stunden, je nach Größe der Gruppe

Material
- pro Person eine Doppelkarte aus festem Papier oder Zeichenkarton
- Ölpastellkreiden, Buntstifte oder Aquarellstifte
- eventuell feine Haarpinsel und Wassergläser
- passende Unterlage und passende Briefumschläge

Arbeitshaltung
am Tisch oder auf dem Boden sitzend

Einführung

Postkarten sind klein und haben eine Botschaft. Man bekommt sie von lieben Menschen, verschickt sie von eindrucksvollen oder angenehmen Orten. Sie zeigen einen Ausschnitt vom Leben, eine ganz bestimmte Seite, und manchmal verdichten sie etwas. Das kleine Format der Postkarte hilft, die Botschaft auf einen Punkt zu bringen, und sie selbst zu gestalten, beinhaltet auch die Chance, für die eigene Aussage das eigene Symbol zu finden und anderen oder aber sich selbst etwas damit zu sagen.

Ablauf

Als Einstieg eignet sich eine Wahrnehmungsübung zu folgenden Fragestellungen: Wo bin ich gerade? In welcher Stimmung bin ich? Welche Umgebung bzw. was beschäftigt mich gerade? Man kann aber auch eine Fantasiereise machen, welche die Teilnehmerinnen an einen besonders schönen Ort führt, von dem sie etwas mitbringen. Eine dritte Möglichkeit ist, dass sich die Teilnehmerinnen vorstellen, sie gingen zu ihrem eigenen Briefkasten und fänden darin eine Postkarte mit einem Motiv darauf. Geht es um die Auswertung eines Seminars, dann kann es auch hilfreich sein, zu Beginn noch einmal die einzelnen Inhalte in Erinnerung zu rufen. Je nach Input sollen die Teilnehmerinnen auf der Postkarte ihre eigene Stimmung ausdrücken oder ein Erlebnis, einen besonderen Ort, ein Mitbringsel oder das Motiv, das sie im Briefkasten finden bzw. gern finden würden.

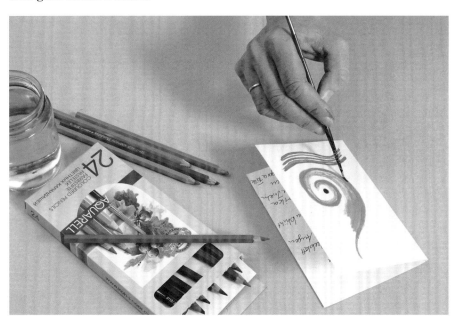

Bei dieser Übung ist es wichtig, den Fokus im Vorfeld auszuwählen und zu überlegen, ob die Postkarte an einen anderen Menschen oder die anwesenden Teilnehmerinnen gehen soll. Dieser Fokus bildet dann den Input für die Übung. Allen Zielrichtungen gemeinsam ist jedenfalls das kleine Format der Postkarte, auf dem nur das Wesentliche Platz hat. Daher ist es erforderlich, aus einer Fülle von Informationen eine wichtige auszuwählen und diese kompakt auszudrücken.

Die Postkarten, das Malmaterial und eine feste Unterlage liegen in der Mitte des Raumes bereit. Damit gestalten die Teilnehmenden ihre persönliche Postkarte. Wenn sie fertig sind, können sie ihre Botschaft an den Empfänger der Karte oder an sich selbst auch noch mit Worten ins Innere der Doppelkarte schreiben.

Auswertung

Die Teilnehmerinnen zeigen sich gegenseitig ihre Postkarten und erzählen in einigen Sätzen, was ihnen in diesem Zusammenhang wichtig ist. Je nachdem, wie die anfängliche Fragestellung lautete, können folgende Impulse den Austausch anregen:
- Was ist auf der Postkarte zu sehen, und was möchte ich der Adressatin oder dem Adressaten damit sagen?
- Welchen schönen Ort, welches Mitbringsel schicke ich als Erinnerung an mich selbst?
- Welche Botschaft würde ich gerne als Karte in meinem Briefkasten finden?

Abschluss

Die einzelnen Aussagen bleiben nebeneinander stehen, und eine gemeinsame Stille, eine schöne Musik oder ein passendes Gebet oder Gedicht schließen die Einheit ab. Dann können die Teilnehmenden ihre Postkarten mitnehmen oder in einem adressierten Kuvert tatsächlich abschicken. Interessant kann es auch sein, wenn die Teilnehmerinnen ihre Postkarte an sich selbst erst einige Zeit später zugeschickt bekommen – die im Seminar bzw. in der Übung gewonnenen Erkenntnisse können dadurch im Alltag noch einmal in Erinnerung gebracht und vertieft werden.

Ich lasse mich finden

Thema
unvermutete Geschenke des Lebens; „Zu-fälle" im besten Sinne des Wortes

Einsatzmöglichkeiten
als eigenständige thematische Einheit

TeilnehmerInnenzahl
beliebig viele

Zeitrahmen
1,5 bis 3 Stunden, je nach Gruppengröße; zum Malen je nach Papierformat mindestens eine Dreiviertelstunde

Material
- Fundstücke aus der Natur, die z. B. von einem Spaziergang stammen
- Papier, mindestens im DIN-A2-Format
- Ölpastellkreiden, Malkasten, Gouache- oder Acrylfarben
- Krepp-Klebeband, Klebstoff, eventuell Scheren
- Pinsel, Wassergläser und entsprechende Unterlagen

Arbeitshaltung
am Tisch

Einführung

Das Suchen ist eine grundsätzliche menschliche Erfahrung. Im besten Fall gehört dazu auch, etwas zu finden oder gefunden zu werden. Manchmal jedoch scheinen Dinge oder Ereignisse uns Menschen zu finden wie aus heiterem Himmel, als „Zu-fall" im besten Sinne des Wortes. Und oft sind gerade die Dinge, die uns auf diese Weise finden, diejenigen, die das eigene Leben prägen oder ihm eine bestimmte Richtung geben. Die folgende Übung bietet die Chance, dem nachzugehen, was die Teilnehmerinnen findet.

Ablauf

Der Einstieg in die Übung beginnt mit einem Spaziergang. Die Teilnehmerinnen gehen 20 bis 30 Minuten in Stille allein spazieren und achten dabei auf Dinge, die sie draußen wahrnehmen und die sie ansprechen. Dabei geht es nicht darum, bewusst etwas zu suchen, sondern dasjenige achtsam wahrzunehmen, was ihnen entgegenkommt und was sie spontan anspricht. Diese „Zu-fälle" transportieren bisweilen eine interessante Botschaft. Die Teilnehmerinnen sollen vom Spaziergang eine Sache mitbringen, etwas von dem, was sie gefunden hat. Ist aus irgendeinem Grund kein Spaziergang möglich, dann kann auch eine Auswahl von Dingen im Raum ausgelegt werden. Auch hierbei geht es darum, das zu nehmen, was die Teilnehmerinnen spontan anspricht, und nicht das, was sie lange und mühsam suchen müssen.
Sind alle wieder vom Spaziergang zurück, dann werden die Arbeitsplätze hergerichtet. Jede klebt ihr Fundstück auf das Papier und gestaltet rundherum dazu ein Bild. In Stille haben die Teilnehmerinnen beim Gestalten Zeit und Muße, sich mit dem Gegenstand zu beschäftigen, mit ihm „ins Gespräch zu kommen" und das zu meditieren, was ihnen zugefallen ist.

Auswertung

Anschließend findet eine Austauschrunde statt. Sie beginnt mit einem Rundgang durch den Raum, bei dem alle jedes Bild betrachten können. Dann können die Teilnehmerinnen nacheinander etwas über den eigenen Malprozess erzählen. Dieses Gespräch kann sich an folgenden Impulsen orientieren:
- Was hat mich gefunden?
- Was ist mir dazu eingefallen?
- Wie hat sich mein Malprozess entwickelt?
- Welche Botschaft liegt für mich in diesem Gegenstand, in diesem Prozess?
- Was möchte mir mein Bild sagen?
- Was fällt anderen aus der Gruppe daran auf bzw. dazu ein?

Abschluss

Am Ende dieser Einheit geben die Teilnehmerinnen ihrem Bild noch einen Titel, der von ihnen nacheinander in den Raum gesprochen wird. Als Abschluss der Übung eignen sich:
- Stille, um den Prozess wirken zu lassen
- Texte, wie z. B. die folgenden, ein passendes Gebet oder ein Segensspruch

Für die Übung geeignete Texte

„Ich suche nicht – ich finde. Suchen das ist Ausgehen von alten Beständen und ein Findenwollen von bereits Bekanntem. Finden, das ist das völlig Neue. Alle Wege sind offen, und was gefunden wird, ist unbekannt. Es ist ein Wagnis, ein heiliges Abenteuer. Die Ungewissheit solcher Wagnisse können eigentlich nur jene auf sich nehmen, die im Ungeborgenen sich geborgen wissen, die in der Ungewissheit, in der Führerlosigkeit geführt werden, die sich im Dunkeln einem sichtbaren Stern überlassen, die sich vom Ziele ziehen lassen und nicht selbst das Ziel bestimmen."

Pablo Picasso

Suchen und Finden

Zuerst
von dir gefunden
Gott
herausgerissen aus der Not
gerettet in das Leben
bist du mir auf den Leib geschrieben

im Herzen schlägt
die Sehnsucht tiefe Wurzeln
zu spüren dich
und nicht mehr zu verlieren
und lässt mich suchen
suchen
unruhig immer

nichts
schweigt von dir
wenn ich es lang genug befrage

du zeigst dich
wenn ich dich bestürme
dich leidenschaftlich bitte
und bedränge

du gibst dich
in die Auseinandersetzung
bist da im Ringen
um die gute Lösung
gehst mit mir durch den Widerstand
bleibst da
und hilfst mir bleiben
mich stellen
statt zu flüchten

durchbrichst die Einsamkeit
verwandelst die Verzweiflung
wirst Hoffnung
sicherer Ort
schenkst Da-sein
birgst mich
heilst

und schaust nach mir
und schaust
und suchst
und findest mich aufs Neue

Almut Haneberg

Goldene Fäden

Thema
Advent; in schwierigen Zeiten die Spuren Gottes entdecken

Einsatzmöglichkeiten
als eigenständige thematische Einheit; als Impuls für einen adventlichen Besinnungstag

TeilnehmerInnenzahl
beliebig viele, aber auch als Einzelarbeit geeignet

Zeitrahmen
1 bis 3 Stunden, je nach der gewünschten Intensität, der Gruppengröße und der Größe des Papiers

Material
- festes Zeichenpapier, mindestens im DIN-A3-Format
- goldene Fäden, Scheren, Klebstoff
- Ölpastellkreiden
- Zettel und Stifte
- eventuell adventliche Musik für die Einzelbesinnung

Arbeitshaltung
am Tisch

Einführung

Der Advent als Zeit der Vorbereitung möchte uns wach rütteln und den Blick öffnen für uns selbst und die Welt um uns. Der Jesuitenpater Alfred Delp (1907 – 1945), der als Gegner des NS-Regimes im Gefängnis inhaftiert war, verfasste vor seiner Hinrichtung am 2. Februar 1945 mit gefesselten Händen seine Adventsmeditationen. Er beschreibt den Advent darin als „… eine Zeit der Erschütterung, in der der Mensch wach werden soll zu sich selbst." Neben diesem „erschütterten Erwachen" gehört für Delp zum Advent aber auch eine „heimliche Seligkeit", begründet in den „Verheißungen des Herrn". Zur Erschütterung des Aufwachens, die mit Hilflosigkeit und Grenzerlebnissen einhergeht, „… erreichen den Menschen die goldenen Fäden, die in diesen

Zeiten zwischen Himmel und Erde gehen und der Welt eine Ahnung von der Fülle geben, zu der sie gerufen und fähig ist". (Delp, 1985, S. 149f.). Die im Folgenden beschriebene Gestaltung lädt dazu ein, diese „goldenen Fäden" für sich persönlich zu entdecken.

Ablauf

Eine Einzelbesinnung zu den beiden oben stehenden Zitaten von Alfred Delp bildet den inhaltlichen Einstieg zu dieser Übung. Die Teilnehmerinnen sollen sich mit zwei Fragen beschäftigen: Welche Erschütterungen erlebe ich im Moment? Wo zeigen sich mir „goldene Fäden"? Ausgehend von diesen beiden Impulsen machen sich die Teilnehmerinnen für sich persönlich Notizen. Die anschließende Gestaltung beginnt damit, dass ein oder mehrere goldene Fäden auf das eigene Blatt geklebt werden. Davon ausgehend, wird ein Bild gemalt, in dem alles Platz hat, was kommen möchte: Die eigenen Erschütterungen, aber auch die Hoffnungen und das Tröstliche, das im Wahrnehmen dieser „goldenen Fäden" liegt. Konkrete Erlebnisse können dabei ebenso zum Ausdruck kommen wie Gefühle und Stimmungen, die einfach in Farben und Formen fließen.

Auswertung

Da dieses Thema tief gehen kann, empfiehlt es sich, bei der Auswertung sehr achtsam zu sein. Wenn jemand etwas erzählen möchte, dann darf er das tun – wie viel, das entscheidet jeder selbst. Bei dem gegebenen Thema liegen folgende Fragen auf der Hand:
♦ Was sind meine persönlichen Erschütterungen?
♦ Wo entdecke ich „goldene Fäden"?

Um die eigenen Eindrücke und Gedanken zusammenzufassen und auch für die anderen in der Gruppe griffig zu machen, soll sich jede Teilnehmerin anschließend für ihr Bild einen Titel ausdenken. Dieser wird dann aufgeschrieben und in der Runde vorgetragen.

Abschluss

Zum Abschluss sind folgende Gestaltungselemente möglich:
- eine Passage aus dem unten stehenden Text von Alfred Delp vorlesen
- das Vortragen der für die Bilder gefundenen Titel in einer besinnlichen Feier, z. B., indem man dies mit einem Kyrie-Ruf und mit Stille begleitet.
- einen passenden biblischen Text vorlesen, z. B. Passagen aus den Kapiteln 11, 35, 40, 45, 49, 55 oder 61 im Buch Jesaia, oder Textstellen aus dem Lukas-Evangelium (1,26ff., 1,39ff. oder 21,25–28)
- ein Adventslied singen, z. B. „O Heiland, reiß die Himmel auf" (Gotteslob, Nr. 105)
- Stille oder ein passendes Musikstück
- ein Segensgebet

Für die Übung geeigneter Text

„Advent ist einmal eine Zeit der Erschütterung, in der der Mensch wach werden soll zu sich selbst. Die Voraussetzung des erfüllten Advent ist der Verzicht auf die anmaßenden Gebärden und verführerischen Träume, mit denen und in

denen sich der Mensch immer wieder etwas vormacht. Er zwingt so die Wirklichkeit, ihn mit Gewalt zu sich zu bringen, mit Gewalt und viel Not und Leid. Das erschütterte Erwachen gehört durchaus in den Gedanken und das Erlebnis des Advents. Aber zugleich gehört viel mehr dazu. Das erst macht ja die heimliche Seligkeit dieser Zeiten aus und zündet das innere Licht in den Herzen an, dass der Advent gesegnet ist mit den Verheißungen des Herrn. Die Erschütterung, das Aufwachen: Damit fängt das Leben ja erst an, des Advents fähig zu werden. Gerade in der Herbheit des Aufwachens, in der Hilflosigkeit des Zu-sich-selbst-Kommens, in der Erbärmlichkeit des Grenzerlebnisses erreichen den Menschen die goldenen Fäden, die in diesen Zeiten zwischen Himmel und Erde gehen und der Welt eine Ahnung von der Fülle geben, zu der sie gerufen und fähig ist."

Alfred Delp
(aus: *Alfred Delp:* Gesammelte Schriften, Bd. 4, hg. v. Roman Bleistein, S.149f.; © Verlag Josef Knecht, Frankfurt am Main, 2. Aufl. 1985)

Variationsmöglichkeiten

Dieser Impuls kann auch zu einem ganzen Tagesprogramm ausgebaut werden: So kann z. B. nach der Einzelbesinnung ein inhaltlicher Austausch im Rahmen der Gruppe angeboten werden. Es ist des Weiteren möglich, sich noch intensiver mit der Frage zu beschäftigen, was die konkrete historische Situation, in der der Text von Delp entstanden ist, mit unserer heutigen gesellschaftlichen Lage zu tun hat. Auch kann die Auswertung als besinnliche Feier in Form eines Wortgottesdienstes gestaltet werden, in dessen Rahmen mehrere der oben vorgeschlagenen Elemente Platz finden können.

Kreis

Thema
rund sein; Ganzheit; der Kreis als Ort für das, was mich bewegt; zu sich selbst kommen; dem Kreis und seiner Dynamik nachspüren

Einsatzmöglichkeiten
als eigenständige thematische Einheit; als künstlerische, körperbezogene Auseinandersetzung mit der Form

TeilnehmerInnenzahl
beliebig viele, aber auch als Einzelarbeit geeignet

Zeitrahmen
2 Stunden, davon mindestens eine Stunde zum Malen

Material
- festes, weißes Zeichenpapier (alternativ Packpapier) mit mindestens 70 x 100 cm Fläche oder größer
- Ölpastellkreiden, Gouache- oder Acrylfarben, eventuell Grafitstifte, Wachsmalkreiden
- Unterlagen, Pinsel mit entsprechender Stärke, Krepp-Klebeband

Arbeitshaltung
an der Staffelei oder einer Malfläche an der Wand

Einführung

Als Einleitung bietet sich eine Körperwahrnehmungsübung an, die im Stehen durchgeführt wird. Dabei geht es nicht um Perfektionismus, sondern einfach nur um die Selbstwahrnehmung und die Annäherung an die Form. Folgende Impulse sind für die Anleitung hilfreich:
- das Stehen spüren: Dazu werden, von den Füßen ausgehend, die einzelnen Körperteile benannt und die Teilnehmerinnen dazu angeregt, mit den entsprechenden Pausen dazwischen wahrzunehmen, wie sich die einzelnen Körperteile gerade anfühlen

- kreisen mit den Fingern, der Hand, dem Unterarm und schließlich dem ganzen (ausgestreckten) Arm – dies zunächst mit dem einen, dann mit dem anderen Arm
- den rechten und den linken Arm nach vorne und nach hinten kreisen lassen
- zuerst mit dem rechten, dann mit dem linken Arm und schließlich mit beiden Armen gleichzeitig vor dem Körper einen Kreis beschreiben; dazu die Arme, von der Körpermitte ausgehend, nach oben führen und dann den rechten und den linken Arm jeweils nach außen und wieder nach unten bewegen
- sich einmal um sich selbst drehen und in einem zweiten Schritt dazu die Arme ausbreiten

Ablauf

Die Teilnehmerinnen richten zunächst ihren Arbeitsplatz her und entscheiden dabei, ob sie am Tisch oder an der Wand arbeiten wollen. Um sich der Kreisform anzunähern und sie auf das Papier zu bringen, können die Teilnehmerinnen den Kreis zuerst mit der Hand auf dem Papier beschreiben und ihn dann mit dem von ihnen ausgewählten Material frei zeichnen. Wenn dazu Material mit Widerstand benötigt wird, dann kann mit Ölpastellkreiden, Wachsmalkreiden oder Grafitstiften gearbeitet werden, was auch mit flüssigen Farben kombinierbar ist. Der Kreis kann entweder aus einem Punkt heraus entstehen, der immer größer wird, oder aus einer Linie, die sich schließt. Die Suche nach der richtigen Linie gehört dazu.
Eine besonders intensive Wirkung entfaltet die Übung, wenn aufrecht im Stehen gemalt werden kann und das Papier dazu an der Wand hängt. Auch wenn auf Tischen gearbeitet wird, ist eine stehende Arbeitshaltung zu bevorzugen, da im Stehen die Körperbewegung besser in den Gestaltungsprozess einbezogen werden kann. Wenn der eigene Kreis gefunden ist, dann kann er ausgestaltet werden, und zwar mit allem, was den Teilnehmerinnen dazu einfällt, also mit Farben, Formen und Symbolen. Alles hat in diesem Bild Platz: eine Situation, ein Gefühl, eine Stimmung oder einfach nur das Spiel mit der Kreisform und den verschiedenen Farben. Geschieht die Gestaltung in Stille, dann erhöht das die Konzentration und bereichert den persönlichen Ausdruck. Die Ergebnisse können sehr vielfältig sein – vom großen, einfachen Kreis über konzentrische Kreise bis hin zu sich bewegenden Kreisen, die in eine Spirale übergehen.

Auswertung

In der Auswertungsrunde werden die einzelnen Bilder aufmerksam angeschaut. Einige Impulse zum Betrachten der Bilder können sein:
♦ Was fällt auf?
♦ Welche Gefühle oder Stimmungen sind in den Bildern enthalten?
♦ Welche Wirkung üben die Bilder auf die Betrachter aus?
♦ Was haben die einzelnen Teilnehmerinnen beim Malen erlebt?

Je nachdem, wie vertraut sich die Gruppenmitglieder sind, kann hieraus auch ein Gespräch über die eigene momentane Befindlichkeit entstehen, über das, was gerade „rund läuft" oder eben nicht „rund läuft", oder über Bewegung, Geschwindigkeit und Ruhe im Lebensrhythmus.

Abschluss

Am Ende der Einheit bietet sich an:
♦ ein passender Text oder ein Gedicht
♦ ein Lied oder Segensgebet
♦ ein Kreistanz

Zum Weiterlesen

Marcus, Hildegard: Spiritualität und Körper. Gestaltfinden durch Ursymbole, St. Benno Verlag, Leipzig 1998, 2. Aufl. 2000, hier bes. S. 129.
Riedel, Ingrid: Formen. Tiefenpsychologische Deutung von Kreis, Kreuz, Dreieck, Quadrat, Spirale und Mandala, Kreuz Verlag, Stuttgart 2002.

Kreuz-Dynamik

Thema
das Kreuz als dynamische Form; Tod und Auferstehung; das Kreuz und das eigene Leben

Einsatzmöglichkeiten
als eigenständige thematische Einheit; als Einstimmung in die Karwoche

TeilnehmerInnenzahl
beliebig viele, aber auch als Einzelarbeit geeignet

Zeitrahmen
1,5 bis 2 Stunden, je nach Gruppengröße und geplanter Auswertung

Material
- festes, weißes Zeichenpapier (alternativ Packpapier), mit mindestens 70 x 100 cm Fläche oder größer
- Ölpastellkreiden, eventuell Grafitstifte oder Wachsmalkreiden, Gouache- oder Acrylfarben
- Unterlagen, Pinsel mit entsprechender Stärke
- Krepp-Klebeband, Wassergläser, Lappen

Arbeitshaltung
stehend an der Staffelei oder auf einer Arbeitsfläche an der Wand

Vorbereitung

Zunächst richten alle ihren Platz her. Ideal ist es, wenn im Stehen an der Wand gearbeitet werden kann, weil dabei Körperhaltung und Bewegung am besten in den Gestaltungsprozess miteinbezogen werden können.

Einführung

Die inhaltliche Einführung in das Thema wird mit einer Körperwahrnehmungsübung im Stehen verbunden. Die Teilnehmerinnen werden dabei angeleitet, bewusst wahrzunehmen, wie sie stehen, und einen guten Stand zu finden. In diesem Zusammenhang kann damit experimentiert werden, wie man auf einem oder auf beiden Füßen steht, und wie weit die Füße beim guten Stehen voneinander entfernt sein müssen – sehr weit oder ganz nah zusammen? Wenn der richtige Stand gefunden ist, werden, von unten beginnend, alle Körperregionen benannt, damit die Teilnehmerinnen diese bewusst wahrnehmen können. Dann wird die Aufmerksamkeit auf die Haltung der Arme gelenkt: Wie fühlt es sich an, wenn die Handflächen zum Körper hin zeigen, und wie, wenn sie mit einer kleinen Drehung im Handgelenk nach vorne geöffnet werden? Schließlich werden die Arme nach rechts und links zur Kreuzform ausgestreckt, um die dabei entstehende Spannung und Anstrengung wahrzunehmen. Die Teilnehmerinnen sollen ausprobieren, wie diese Haltung auf sie wirkt und wie lange sie diese aushalten können. Nachdem die Muskeln durch Ausschütteln wieder gelockert worden sind, beginnt aus der Körpererfahrung heraus der Malprozess.

Ablauf

Die Teilnehmerinnen zeichnen mit einem festem Material (Ölkreide, Wachsmalkreide oder Grafitstift) die Kreuzform auf das Papier und gehen der darin liegenden Bewegung nach. In diesem Zusammenhang ist es hilfreich, nicht nur einen einzigen senkrechten und waagerechten Strich zu zeichnen, sondern die dynamische Bewegung des Kreuzes – also die Abwechslung zwischen der Senkrechten und der Waagerechten – öfter nachzuvollziehen. Die Assoziationen, die dabei entstehen, können dann entweder ebenfalls mit Kreiden oder mit flüssiger Farbe weitergestaltet werden. Das, was den Teilnehmerinnen zur Kreuzform einfällt, darf und soll auf das Bild. Dadurch wird die jeweils ganz persönliche Ausdrucksweise des Kreuzes meditiert.

Auswertung

Nach Beendigung des Malprozesses werden die Bilder in der Runde vorgestellt. Dabei ist das Zuhören wichtiger als das Analysieren.
Folgende Fragen können das Gespräch leiten:
♦ Welche Wirkung hat das Kreuz als Form?
♦ Wie ist es den Teilnehmerinnen beim Malen ergangen?
♦ Welche persönlichen Geschichten sind beim Malen lebendig geworden?

Abschluss

Zum Abschluss kann ein passendes Gestaltungselement ausgewählt werden:
♦ eine gemeinsame Stille
♦ eine passende Musik, z. B. ein Stück aus einer Passionsmusik
♦ ein biblischer Text zum Thema „Kreuz", z. B. eine Passage aus der Passionsgeschichte bzw. der Karfreitagsliturgie oder 1 Petr 2,21–24 („Durch seine Wunden sind wir geheilt") oder Phil 2,6–11 („Jesus war wie Gott und den Menschen gleich")
♦ ein Gebet, z. B. Ps 130 (Gotteslob, Nr. 82)
♦ ein Lied
♦ ein Segensgebet

Variationsmöglichkeiten

Der Abschluss kann auch zu einem Wortgottesdienst ausgebaut werden. Hat man einen ganzen Tag zur Verfügung, dann kann man diese Übung auch mit der Übung „Ein persönliches Kreuz gestalten" (S. 68ff.) kombinieren oder ein Bibelgespräch zu einer passenden Bibelstelle anschließen.

Zum Weiterlesen

Marcus, Hildegard: Spiritualität und Körper. Gestaltfinden durch Ursymbole, St. Benno Verlag, Leipzig 1998, 2. Aufl. 2000, hier bes. S. 52ff.
Riedel, Ingrid: Formen. Tiefenpsychologische Deutung von Kreis, Kreuz, Dreieck, Quadrat, Spirale und Mandala, Kreuz Verlag, Stuttgart 2002.

Spirale

Thema
der eigene Lebensweg; das scheinbar immer Gleiche führt zur Mitte und nach außen, zu mir hin und von mir weg; ein altes Symbol entdecken

Einsatzmöglichkeiten
als Einheit zur Besinnung oder als intensiver inhaltlicher und kreativer Impuls

TeilnehmerInnenzahl
beliebig viele

Zeitrahmen
1 bis 3 Stunden, je nach Zielsetzung

Material
- *für eine erste kreative Annäherung:*
  pro Person ein Blatt Zeichenpapier im DIN-A4-Format, dazu Ölpastellkreiden, Wachsmalkreiden oder Buntstifte
- *für eine längere Arbeit:*
  pro Person ein Blatt Zeichenpapier, ca. 50 x 70 cm, Ölpastellkreiden, Wachsmalkreiden, Farbkasten, Acryl- oder Gouache-Farben
- entsprechende Unterlagen
- Pinsel, Wassergläser, Lappen

Arbeitshaltung
am Tisch oder auf einer Arbeitsfläche an der Wand

Einführung

Bei dieser Übung bieten sich zwei alternative Möglichkeiten zur Einführung an:
1. Die Spirale als Form im menschlichen Leben und in der Kulturgeschichte:
Dieses Thema kann von der Gruppe gemeinsam erarbeitet werden oder ihr als Impuls vorgegeben werden. Die Spiralform findet sich in der Natur (z.B. Schneckenhaus, Muschel, Wurmfarn, Schlange) und ist in den Bewegungen des Wassers zu erkennen (z.B. die Wellen des Meeres). Es gibt rechts- und linksdrehende Spiralen, Doppelspiralen und dreidimensionale Spiralen, wie

z. B. der DNS-Code des menschlichen Erbguts. Der Aufstieg auf einen heiligen Berg über einen spiralförmigen Weg kommt in der Literatur und in verschiedenen Religionen vor. Der Mensch kann hören, weil er eine Spirale, die so genannte Schnecke, im Ohr hat.

2. Die Spiralform in einem Künstlerbild betrachten: Dies kann ein Anstoß sein für die dann folgende eigene Gestaltung. Ein solches Künstlerbild wird gemeinsam betrachtet. Besonders geeignet hierfür sind die Spiralbilder von Hundertwasser, z. B. „Der große Weg" oder „Das Ich weiß es noch nicht". Geeignete Impulse für die Betrachtung des Künstlerbildes können sein:
- Gehen Sie an den Linien entlang von außen nach innen.
- Nehmen Sie die Linienführung wahr.
- Entdecken Sie die Farbveränderung, bis Sie ganz innen angekommen sind.
- Nehmen Sie wahr, wie die Mitte gestaltet ist, was zwischen den Linien ist, ob es irgendwelche Querverbindungen gibt, und suchen Sie sich dann wieder Ihren eigenen Weg nach außen.

Ablauf

Die Spirale ist eines der ältesten Symbole der Menschheit. Sie beschreibt eine Wegspur jenseits jeder Geraden. Man erreicht sein Ziel nicht unmittelbar, sondern mit vielen Kurven und auf vielen Umwegen und nähert sich dabei langsam der Mitte an. An ihrem bereits vorbereiteten Arbeitsplatz entdecken die Teilnehmerinnen mit dem von ihnen ausgewählten Material die Möglichkeiten, ihr ganz eigenes Spiralbild zu gestalten und den Weg dieser Spirale nachzugehen. Die Spirale kann dabei innen oder außen beginnen. Mit der eigenen Bewegung des Stifts auf dem Papier können die Teilnehmerinnen diese Spiralbewegung nachvollziehen und ihre eigene Erfahrung damit machen. Sie gestalten ihr Spiralbild in den Farben, die sie im Moment gerade ansprechen. Sie nehmen wahr, welche Assoziationen ihnen im Augenblick des Gestaltens dazu kommen. Um ganz bei sich zu bleiben, ist es gut, bei dieser Übung in Stille zu arbeiten.

Auswertung

Für die Auswertung können folgende Fragen interessant sein:
- Was habe ich beim Malen erlebt?
- Welche Erfahrung habe ich mit der Spiralform gemacht?
- Was habe ich dabei entdeckt?

Je nach Zusammenhang und Zielrichtung ist es möglich, in ein ausführlicheres Gespräch einzutreten oder die Teilnehmerinnen zu bitten, die Bildaussage in einem Satz zusammenzufassen. Die Bilder hängen dazu an der Wand oder werden in die Mitte gelegt.

Abschluss

Als Abschluss dieser Einheit bietet sich an:
- ein passender Text (z. B. Bibeltext, literarischer Text, Segensgebet oder Gedicht)
- ein „Spiral-Tanz"

Für die Übung geeigneter Text

Spirale
den Lärm lassen
zur Ruhe kommen
Schritt für Schritt
in mich gehen

auf Zehenspitzen
der Stille zuhören
ihren Worten nachsinnen
mich vortasten

Schicht für Schicht
immer eine
Haut breit
nach innen

dem Atem entlang
ganz innen ankommen
da sein

und warten
wahrnehmen
spüren

und wenn das Leben
neu mich ruft
gestärkt
ermutigt
Schritt für Schritt
nach außen gehen

und leben
handeln
tun und sein
zugleich

Almut Haneberg

Zum Weiterlesen

Marcus, Hildegard: Spiritualität und Körper. Gestaltfinden durch Ursymbole, St. Benno Verlag, Leipzig 1998, 2. Aufl. 2000.
Riedel, Ingrid: Formen. Tiefenpsychologische Deutung von Kreis, Kreuz, Dreieck, Quadrat, Spirale und Mandala, Kreuz Verlag, Stuttgart 2002.

Standpunkt

Thema
den eigenen Standpunkt wahrnehmen und wertschätzen

Einsatzmöglichkeiten
zu Beginn oder am Ende eines Seminars; als thematische Einheit zum eigenen Standpunkt

TeilnehmerInnenzahl
6 bis 10 Personen, aber auch für eine größere Gruppe oder als Einzelarbeit geeignet

Zeitrahmen
Mindestens 1,5 Stunden

Material
- festes Zeichenpapier in Kreisform mit einem Durchmesser von 40 bis 50 cm
- Ölpastellkreiden
- Unterlagen
- pro Person ein Tennisball
- Text aus dem Buch Exodus (Ex 3,1–12)

Arbeitshaltung
- auf dem Boden

Einführung

„… der Ort, wo du stehst, ist heiliger Boden", sagt die Stimme aus dem brennenden Dornbusch zu Moses, als er mitten in der Alltagsarbeit auf der Viehweide Gott begegnet und dann den Auftrag bekommt, das Volk Israel in die Freiheit zu führen. Die Geschichte aus dem Buch Exodus (Ex 3,1–12) zeigt auf, wie Gott den Menschen an seinem konkreten Standort und in seiner persönlichen Situation anspricht. Und umgekehrt liegt in dieser Geschichte auch die Botschaft, dass der Ort, der Punkt, an dem jemand gerade steht, „heiliger Boden" ist, also die Wertschätzung Gottes erfährt. Diesen Standpunkt wahrzunehmen, kann in der folgenden Übung geschehen.

Ablauf

Den Einstieg in diese Übung bildet die Erfahrung des Gehens und Stehens, verbunden mit einer Fußmassage mit einem Tennisball. Damit wird die Wahrnehmung des Stehens noch weiter intensiviert. Zur Anleitung helfen – mit den entsprechenden Pausen gesprochen – die folgenden Gedanken:

„Wir gehen im Raum, zuerst im normalen Tempo, dann bewusst langsam, danach möglichst schnell, dann wieder im normalen Tempo. Schließlich werden wir langsamer und bleiben stehen. Wir nehmen bewusst wahr, wie wir stehen, in welcher Haltung, locker oder angespannt, und wenden uns unseren Füßen zu. Wir beginnen mit dem rechten Fuß, legen den Tennisball darunter und massieren damit ausgiebig die Fußsohle. Dann wird der Tennisball unter die Ferse gelegt und der gesamte Druck auf den Tennisball verlagert. Wir halten eine Weile und lassen wieder los. So massieren wir den ganzen Fuß durch. Am Ende nehmen wir den Tennisball wieder heraus, stellen den rechten Fuß neben den linken, spüren nach und nehmen wahr, wie sich die beiden Füße nun anfühlen. Dann massieren wir in gleicher Weise den linken Fuß."

Anschließend wird – noch im Stehen – die oben erwähnte biblische Geschichte (Ex 3,1–12) vorgelesen. Dann werden die runden Blätter ausgeteilt, und die Teilnehmerinnen stellen sich darauf. Auf diesen Blättern gestalten die Teilnehmerinnen nun in Stille ihr Bild – am besten auf dem Boden sitzend. Sie können dazu ihre Fußabdrücke auf das Papier zeichnen oder aber einfach mit Farben und Formen beginnen. Es muss kein perfektes Bild entstehen, denn der Standpunkt ist ja eine Momentaufnahme der eigenen Situation, der Stimmung und der gegenwärtigen Gefühle. So, wie es sich gestaltet, ist es gut.

Auswertung

Die Teilnehmerinnen stellen die von ihnen gestalteten Standpunkte einander vor. Dazu erzählen sie ihre Erfahrungen zu folgenden Aspekten:
- Wie habe ich den Malprozess erlebt?
- Wie sehe ich meinen Standpunkt?
- Was sehe ich von meinem Standpunkt aus?

Ergänzt werden kann dieses Gespräch auch durch die Außensicht der anderen Teilnehmerinnen in der Gruppe, die wiedergeben, wie das jeweils vorgestellte Bild auf sie wirkt.

Abschluss

Als Abschluss dieser Einheit bietet sich an:
- Stille, um die Bilder noch einmal wirken zu lassen
- den Text aus dem Buch Exodus erneut lesen
- ein passendes Gebet

Weiterführung

Diese Übung ist gut für einen Besinnungstag geeignet. In diesem Rahmen kann die erwähnte biblische Geschichte noch ausführlicher gestaltet werden, z. B., indem man den Ort des Geschehens mit verschiedenen Tüchern und einigen Symbolen darstellt (Dornbusch, Milch und Honig, Steppe, abgelegte Schuhe etc). In dieser „Landschaft" können die Teilnehmenden zunächst ausprobieren, wo sie selbst stehen. Ist der Standpunkt dann gestaltet, kann es in diese Szene hineinplatziert werden. Auch der zweite Teil der Erzählung, in dem der Gottesname „Ich-bin-da" vorkommt, kann noch mehr zum Tragen kommen, wenn ein ganzer Tag zur Verfügung steht. Er ergänzt dann die Auseinandersetzung mit dem eigenen Standpunkt, die nicht immer nur freudige Gefühle auslösen wird, in idealer Weise.

Ein Text wird Bild

Thema
Auseinandersetzung mit einem Text; Herstellen des persönlichen Bezugs und bildhafte Vertiefung des Inhalts

Einsatzmöglichkeiten
als eigenständige thematische Einheit; zur Begleitung literarischer oder biblischer Texte; als Einstimmung in besondere Zeiten des Kirchenjahres (wie z. B. Advent, Weihnachten, Ostern oder Pfingsten)

TeilnehmerInnenzahl
beliebig viele, sowohl für eine Klein- als auch für eine Großgruppe geeignet

Zeitrahmen
1 bis 3 Stunden, je nach Zielrichtung, Intensität und Größe des Papiers

Material
- pro Person ein Bogen Zeichenpapier, bei kurzen Besinnungseinheiten im DIN-A4-Format, bei einer ausführlichen Beschäftigung mit dem Text mindestens im DIN-A2-Format
- Ölpastellkreiden, Buntstifte (als Alternative bei kleineren Formaten), Deckfarbkasten oder Acrylfarben
- Malunterlagen
- bei Bedarf alte Teller zum Mischen, Pinsel und Wassergläser

Für die Textarbeit
- die einzelnen Verse oder Halbverse des gewählten Textes, so, wie es im konkreten Zusammenhang sinnvoll ist, gut sichtbar auf Papierstreifen geschrieben und im Raum ausgelegt
- Kopien des gesamten Textes für alle Teilnehmerinnen

Arbeitshaltung
am Tisch sitzend oder stehend

Ablauf

Zu Beginn wird der jeweils gewählte Text vorgelesen. Dabei ist es gut, wenn die Teilnehmerinnen einfach nur zuhören und wahrnehmen, was sie im Moment gerade anspricht. Anschließend werden die Papierstreifen mit den einzelnen Textteilen bzw. Versen im Raum ausgelegt. Jede kann nun in Stille herumgehen und sich das Wort aussuchen, das für sie persönlich im Moment die größte Bedeutung hat. Diese ausgewählten Worte bilden dann den Impuls dazu, ein eigenes Bild zu gestalten. Es kann ein gegenständliches Bild sein, muss aber nicht. Genauso hilfreich kann es sein, einer Bewegung, einer Farbe oder einem Farbklang nachzuspüren, der sich in der Beschäftigung mit dem jeweiligen Wort zeigt. Der Malprozess geschieht in Stille, damit die Teilnehmerinnen zu sich kommen, den Malprozess wahrnehmen und in Kommunikation mit dem ausgewählten Wort treten können.

Auswertung

Zur Auswertung werden die Bilder zusammen mit der entsprechenden Textpassage im Raum aufgehängt. Jede kann zum eigenen Bild etwas sagen, und die anderen Mitglieder der Gruppe können dazu ergänzen, was sie selbst auf dem Bild sehen. Die Bilder werden dabei aber nicht diskutiert, die einzelnen Aussagen bleiben vielmehr unkommentiert im Raum stehen.
Folgende Aspekte können in die Auswertung einfließen:
- Was hat mich angesprochen?
- Wie war der Malprozess? Was habe ich dabei erlebt?
- Was sagt mir das Bild heute, jetzt, für mich?

Abschluss

Mit folgenden Elementen kann die Einheit abgeschlossen werden:
- eine gemeinsame Stille, um die Bilder und Worte noch einmal wirken zu lassen
- den Text noch einmal laut vorlesen
- bei Psalmen: den Text miteinander als Gebet sprechen oder singen. Dazu benötigt jede eine Kopie des Textes, eine Bibel oder ein Gesangbuch mit den entsprechenden Noten
- Musik, um das Erfahrene nachklingen zu lassen

Für die Übung geeignete Texte

Grundsätzlich sind für diese Übung alle Texte geeignet, die sich einer bildhaften Sprache bedienen und nicht zu lang sind. Dies können Gedichte oder Prosatexte aus der Literatur sein, ebenso aber auch biblische Texte. Auf der Suche nach passenden Bibelpassagen wird man an vielen Stellen fündig, besonders auch in den Psalmen, im Buch Jesaja oder im Hohelied. Ein für die Übung gut geeigneter Rilke-Text sei an dieser Stelle eigens genannt:

Was mich bewegt

Man muss den Dingen
die eigene stille, ungestörte Entwicklung lassen,
die tief von innen kommt
und durch nichts gedrängt oder beschleunigt werden kann,
alles ist austragen – und dann gebären. (…)

Reifen wie der Baum,
der seine Säfte nicht drängt
und getrost in den Stürmen des Frühlings steht,
ohne Angst, dass dahinter kein Sommer kommen könnte.

Er kommt doch!

Aber er kommt nur zu den Geduldigen,
die da sind, als ob die Ewigkeit vor ihnen läge,
so sorglos, still und weit. (…)

Man muss Geduld haben gegen das Ungelöste im Herzen
und versuchen, die Fragen selber lieb zu haben,
wie verschlossene Stuben
und wie Bücher, die in einer sehr fremden Sprache geschrieben sind.

Es handelt sich darum, alles zu leben.
Wenn man die Fragen lebt, lebt man vielleicht allmählich
ohne es zu merken
eines fremden Tages in die Antwort hinein.

Rainer Maria Rilke
(aus: Rilke, 1989)

Gegensätze

Thema
Polaritäten wahrnehmen; eine Entdeckungsreise zu dem, was sich zwischen zwei Polen ereignet

Einsatzmöglichkeiten
als eigenständige thematische Einheit

TeilnehmerInnenzahl
beliebig viele, aber auch als Einzelarbeit geeignet

Zeitrahmen
1 bis 2 Stunden, je nach Zeitrahmen und Größe des angebotenen Papiers

Material
- festes Zeichenpapier, mindestens im DIN-A3-Format oder größer
- ein Deckfarbkasten
- bei größeren Papierformaten Acryl- oder Gouachefarben
- Unterlagen
- Wassergläser, Pinsel und Lappen

Arbeitshaltung
am Tisch sitzend oder stehend

Einführung

Wir Menschen erleben unsere Welt in Gegensätzen: hell und dunkel, schön und hässlich, groß und klein. Auch Angst und Vertrauen ist so ein Gegensatzpaar. Obwohl wir in unserer Wahrnehmung zwei entgegengesetzte Pole besonders deutlich erkennen, so ist doch der Bereich der dazwischen liegenden Nuancen derjenige, in dem das Leben seine differenzierte Farbigkeit entfaltet. Oft geht es dabei nicht um das Entweder-oder, sondern um ein Sowohl-als-auch, also darum, verschiedene Dinge nebeneinander stehen zu lassen oder gar miteinander zu verbinden.
Um sich bewusst zu machen, wie sehr unsere Wahrnehmung jeweils von zwei Polen geprägt ist, können die Teilnehmerinnen zu Beginn Gegensatzpaare assoziieren.

Ablauf

Die Teilnehmerinnen schließen die Augen und stellen sich Farb-Gegensätze vor, also Farben, die sie besonders gern mögen und solche, die sie besonders hässlich finden oder die ihnen unheimlich sind. Jede Teilnehmerin sucht sich dann von jeder der beiden Kategorien eine Farbe aus. Nach dem Öffnen der Augen werden diese beiden Farben auf ein Blatt gemalt – in einer Form oder Bewegung, die jeweils zu dieser Farbe passt. Im weiteren Verlauf wird mit malerischen Mitteln versucht, diese beiden Farben zu verbinden. Dazu können die Teilnehmerinnen die beiden Farben in unterschiedlichen Verhältnissen mischen, eine weitere Farbe hinzufügen, eine verbindende Struktur suchen usw. Der Fantasie sind dabei keine Grenzen gesetzt. Die Teilnehmerinnen gestalten in Stille und achten dabei auf ihre Gefühle.

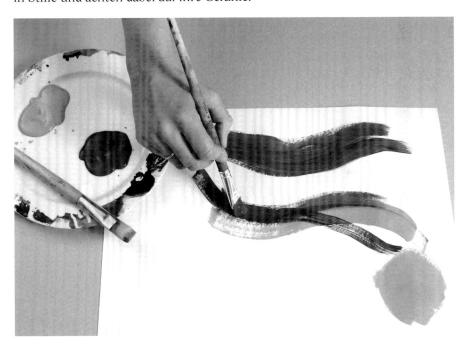

Auswertung

Nach Beendigung des Malprozesses werden die Bilder aufgehängt und in der Gruppe betrachtet. Folgende Impulse können dabei zum Erzählen ermuntern:
- Wie habe ich den Malprozess erlebt?
- Welche Erfahrungen waren dabei für mich besonders eindrucksvoll?

- ♦ Welche Gefühle sind aufgetaucht?
- ♦ Wie ist meine Stimmung jetzt?
- ♦ Was hat dieser Prozess mit meinen konkreten Lebenserfahrungen zu tun? Was sagt er mir zum Umgang mit Gegensätzen?

Abschluss

Zum Abschluss dieser Einheit bietet sich an:
- ♦ die Erfahrungen in Stille noch einmal nachklingen zu lassen
- ♦ einen passenden Text zu lesen
- ♦ einen Kreistanz zu machen, in dem gegensätzliche Bewegungen und Richtungen zusammenschwingen
- ♦ ein Segensgebet vorzulesen

Ein Bild hat viele Facetten

Thema
Sichtbarmachen von unterschiedlichen Sichtweisen; Facettenreichtum der menschlichen Wahrnehmung und Kommunikation

Einsatzmöglichkeiten
als eigenständige thematische Einheit

TeilnehmerInnenzahl
mindestens 6 Personen

Zeitrahmen
2 bis 3 Stunden

Material
- ein Künstlerbild, z. B. aus einem Kalender (mindestens im DIN-A4-Format, besser in DIN A3) oder gegebenenfalls eine Farbkopie davon
- pro Person ein Bogen Papier, mindestens im DIN-A2-Format
- Ölpastellkreiden oder Acrylfarben
- Kleber, Unterlagen, Wassergläser und Pinsel
- kleine Zettel und Stifte (je nach Art der Auswertung)

Arbeitshaltung
am Tisch

Einführung

Ein und dasselbe Thema kann man sehr verschieden wahrnehmen und ausdrücken. Auch, wenn alle angeben, das Gleiche zu sehen, dann sehen sie doch in Wirklichkeit unterschiedliche Facetten. Was in dieser Übung bildlich ausgedrückt wird, findet sich häufig in der menschlichen Kommunikation: Alle reden anscheinend über das Gleiche, füllen den Inhalt aber immer mit ihren eigenen Erfahrungen. Gelingt es, sich darüber auszutauschen, dann kann deutlich werden, welche Fülle sich hinter ein und derselben Sache verbirgt.

Vorbereitung

Zunächst wird ein zum Thema der Gruppe passendes Künstlerbild ausgewählt und in so viele Teile zerschnitten, wie Personen an der Übung teilnehmen. Die Anzahl der möglichen Teilnehmerinnen richtet sich dabei nach der Größe des vorhandenen Bildes, das aber auch gut mittels Fotokopierer (als Farbkopie) vergrößert werden kann. Ist die Gruppe sehr groß, kann man das Bild kopieren oder auch ein zweites oder drittes Bild verwenden. Zum Betrachten ist es schön, wenn das Bild, das zerschnitten wird, auch noch einmal als Ganzes vorhanden ist. Bei der Auswahl des Bildes sollte berücksichtigt werden, dass die einzelnen Bildteile in Bezug auf Farbigkeit und Struktur auch Anknüpfungsmöglichkeiten zum Malen bieten. Große, monochrome Farbflächen sind daher weniger geeignet, ebenso wie ganz feine Zeichnungen mit vielen Details. Das Bild wird in Stücke geschnitten, die ruhig unregelmäßig sein können, denn verschiedene Formen regen das Gestalten viel mehr an. Es können also Drei-, Vier- oder Mehrecke ausgeschnitten werden, oder das Bild wird in runde Formen zerschnitten. Dabei sollte kein Rest übrig bleiben. Will man die Auswertung auf Zetteln durchführen, dann benötigt jede Teilnehmerin einen Stift sowie für sich selbst und für jede andere in der Gruppe einen eigenen Zettel, d. h., bei sechs Teilnehmerinnen braucht man 36 Zettel sowie sechs weitere für die Leiterin bzw. den Leiter.

Ablauf

Die Teilnehmerinnen wählen ein Bildteil aus und kleben es auf ihren eigenen Papierbogen. Dabei sollten sie sich von ihrer Intuition leiten lassen – der Bildausschnitt muss also nicht in der Mitte sein, erlaubt ist alles. Von diesem Bildausschnitt ausgehend, soll nun eine eigene Gestaltung entstehen. Die Teilnehmerinnen können dabei an die Farbe oder die Struktur ihres Bildausschnittes anknüpfen und beim Malen nachspüren, was sich daraus Eigenes entwickeln möchte, sie können ihre eigenen Einfälle in das Bild einbringen. Aber auch ganz neue Ideen und eigenständige Bilder sind willkommen, die über den ursprünglichen Bildinhalt hinausführen.

Auswertung

Nach dem Gestalten, das in Stille erfolgt, werden die Bilder nebeneinander an die Wand gehängt und gemeinsam betrachtet. Auch ein Blick auf das ursprüngliche Bild ist dabei interessant.
Folgende Anregungen können bei der Betrachtung hilfreich sein:
- Welches Bildteil habe ich ausgewählt, wie war mein erster Eindruck und wie wirkt das Bild jetzt auf mich? Was sehe ich?
- Was habe ich während des Gestaltens gedacht, gefühlt und erlebt? Was ist mir dabei eingefallen?
- Gibt es einen Zusammenhang mit dem Ursprungsbild?
- Weisen die Gestaltungen der einzelnen Teilnehmenden Ähnlichkeiten auf? Ergänzen sich Bildaussagen, oder gibt es Gegensätze?

Die Auswertung kann aber auch schriftlich geschehen. Jede Person bekommt dann, wie bereits erwähnt, so viele Zettel, wie Teilnehmerinnen da sind. Die Bilder bleiben bei dieser Variante dort liegen, wo sie gestaltet wurden. Nun gehen alle von Bild zu Bild und schreiben auf einen der Zettel ein bis drei Worte, die ihren Eindruck von dem jeweiligen Bild wiedergeben. Dann wird dieser Zettel verdeckt zum entsprechenden Bild gelegt. Ist der Schreibprozess abgeschlossen, dann lesen die Teilnehmerinnen die Zettel vor, die bei ihrem eigenen Bild liegen. In einer abschließenden Runde können sie noch etwas zu ihrem Bild und den Rückmeldungen sagen, die sie von den anderen erhalten haben.

Abschluss

Abschließen kann man die Einheit jeweils passend zu dem Thema, das bei der Übung ins Bild gesetzt wurde:
- mit einer gemeinsamen Stille, um das Gesagte wirken zu lassen
- mit einem Gang von Bild zu Bild, also wie durch eine Galerie, um dadurch die einzelnen Werke noch einmal bewusst wahrzunehmen
- mit dem Anhören eines passenden Musikstücks
- mit dem Vorlesen eines geeigneten Textes (Geschichte, Bibeltext oder Gedicht)
- wenn eine Gruppe miteinander vertraut ist: aus den Rückmeldungen zum eigenen Bild ein Gedicht verfassen und diese Texte einander vorlesen
- den Gestaltungsprozess ins Gebet einbringen, z. B., indem man die einzelnen Werke und ihre Aussage in einem Gottesdienst verwendet

Schlüssel-Erlebnis

Thema
wichtige, prägende Erlebnisse; Suche nach dem Schlüssel für Neues; Standortbestimmung; Perspektiven entwickeln und Ziele finden

Einsatzmöglichkeiten
als eigenständige thematische Einheit

TeilnehmerInnenzahl
beliebig viele, auch als Einzelarbeit geeignet

Zeitrahmen
1 bis 2 Stunden, je nach Gruppengröße und geplanter Auswertung

Material
- biegsame Zweige in nicht zu langen Stücken
- Gartenschere
- fester Faden oder Draht
- Zeichenpapier im DIN-A3-Format
- Ölpastellkreiden
- Unterlagen

Arbeitshaltung
am Tisch oder auf dem Boden

Einführung

Hier geht es darum, sich der Schlüssel-Erlebnisse im bisherigen persönlichen Leben zu erinnern und Schlüssel für das noch verborgene Neue zu suchen und zu finden. Ausgangspunkt ist das Märchen der Brüder Grimm „Der goldene Schlüssel":
„Zur Winterszeit, als einmal ein tiefer Schnee lag, musste ein armer Junge hinausgehen und Holz auf einem Schlitten holen. Wie er es nun zusammengesucht und aufgeladen hatte, wollte er, weil er so erfroren war, noch nicht nach Hause gehen, sondern erst Feuer anmachen und sich ein bisschen wärmen. Da scharrte er den Schnee weg, und wie er so den Erdboden aufräumte, fand er einen kleinen, goldenen Schlüssel. Nun glaubte er, wo der Schlüssel

wäre, müsste auch das Schloss dazu sein, grub in der Erde und fand ein eisernes Kästchen. ‚Wenn der Schlüssel nur passt', dachte er, ‚es sind gewiss kostbare Sachen in dem Kästchen'. Er suchte, aber es war kein Schlüsselloch da, endlich entdeckte er eins, aber so klein, dass man es kaum sehen konnte. Er probierte, und der Schlüssel passte glücklich. Da drehte er einmal herum, und nun müssen wir warten, bis er vollends aufgeschlossen und den Deckel aufgemacht hat, dann werden wir erfahren, was für wunderbare Sachen in dem Kästchen lagen."

Brüder Grimm

(aus: Brüder Grimm, 2002, S. 809)

Vorbereitung

Zweige, Gartenschere und Fäden werden zunächst in ausreichender Menge mitten in den Raum gelegt. Bei dieser Übung erleichtern Tische die Arbeit, man kann allerdings auch auf dem Boden gestalten.

Ablauf

Zu Beginn wird das Märchen der Brüder Grimm vorgelesen, am besten zweimal hintereinander. Dann erhalten die Teilnehmerinnen den Auftrag, sich in die Situation des Jungen hineinzuversetzen und zu überlegen, wo und unter

welchen Umständen sie den Schlüssel suchen würden und wie er aussehen könnte. Wenn sie ihre eigene Version gefunden haben, dann gestalten sie aus den bereitliegenden Zweigen mithilfe eines Fadens einen ganz individuellen und persönlichen Schlüssel. In einem nächsten Schritt malen sie ein Bild zu diesem Schlüssel. Darauf kann eine Situation gezeigt werden, in der die Teilnehmerinnen selbst auf der Suche sind, aber auch, was in dem Kästchen verborgen sein könnte oder etwas anderes, was ihnen beim Gestalten des Schlüssels eingefallen ist.

Auswertung

In der anschließenden Auswertungsrunde werden die entstandenen Schlüssel und Bilder in der Gruppe präsentiert. Jede Teilnehmerin erzählt zu ihrem Schlüssel und ihrem Bild, was sie erzählen möchte. Das Gespräch kann sich an folgenden Impulsfragen orientieren:
- Was hat mich beim Gestalten des Schlüssels angesprochen?
- Was ist auf meinem Bild zu sehen?
- Wo suche und finde ich meinen Schlüssel?
- Was könnte in besagtem Kästchen sein?

Abschluss

Zum Abschluss der Einheit bieten sich folgende Möglichkeiten an:
- Stille, um die Gedanken wirken zu lassen
- das Märchen noch einmal lesen
- ein passendes Segensgebet

Möglichkeiten für die Weiterarbeit

In einer weiterführenden Einheit kann der nächste Schritt erarbeitet werden. Die gemalten Bilder werden unterschiedliche Situationen zeigen. Es kann sich dabei z. B. um die Situation handeln, in der jemand gerade seinen Schlüssel sucht, oder die Idee, was in diesem Schatzkästchen sein könnte, oder etwas ganz anderes. Jedenfalls erfordert das Suchen und Finden immer einen nächsten, konkreten Schritt. Dieser wird mit den Teilnehmerinnen in Kleingruppen von jeweils drei oder vier Personen erarbeitet. Jedes Gruppenmitglied soll sich dazu einen Satz ausdenken, in dem es mit einer positiven Formulierung ein persönliches Ziel benennt. Dann sucht die betreffende Teilnehmerin nach konkreten Schritten, die sie zur Erreichung dieses Ziels unternehmen muss, und überlegt, welche Hindernisse ihr dabei begegnen könnten. Von beiden Aspekten sucht sie sich dabei jeweils das Nächstliegende heraus und denkt nach, wie sie den Schritt zu ihrem Ziel hin umsetzen bzw. das Hindernis beseitigen oder umgehen könnte. Zum Schluss überlegen die Teilnehmerinnen in der Kleingruppe, wie sie die betreffende Person unterstützen können, um ihr Ziel zu erreichen. Es wird z. B. vereinbart, dass die betreffende Person in vier Wochen jemanden ihrer Wahl anruft und vom Stand der Dinge erzählt, oder dass sie einen Anruf oder eine Mail erhält, in dem bzw. in der jemand nachfragt, wie weit die Vorsätze bereits umgesetzt sind. Um das erarbeitete Ziel noch einmal zu visualisieren, malen alle ein weiteres Bild. Über dieses Bild kann dann in der Gesamtgruppe noch ein weiterer Austausch erfolgen, wobei jede Teilnehmerin den von ihr erarbeiteten nächsten Schritt aufzeigt und benennt.

Ein persönliches Kreuz gestalten

Thema
Auseinandersetzung mit Tod und Auferstehung; Herstellen des Bezugs zur persönlichen Situation des Einzelnen

Einsatzmöglichkeiten
zur Einstimmung auf die Karwoche, als Besinnungstag in der Fastenzeit; zur inhaltlichen Gestaltung der Karfreitagsliturgie

TeilnehmerInnenzahl
beliebig viele, aber auch für die Arbeit allein oder zu zweit geeignet

Zeitrahmen
1,5 bis 3 Stunden

Material
- als Grundgerüst: Äste verschiedener Größe von Laubbäumen oder Büschen, möglich sind auch Schilfrohr, Bambus oder andere stabile Gewächse, die man im Garten findet. Je nach Geschmack auch Holzreste aus einer Schreinerei oder die Holzbretter einer Obstkiste
- zum Zusammenfügen und Ausgestalten: Draht von unterschiedlicher Dicke, Qualität und Farbe (z. B. unbeschichteter Blumendraht, Silberdraht, Messingdraht, Stacheldraht), Schnur oder Bast, Maschendraht („Hühnergitter")
- zum Schmücken: einige bunte Bänder und Zeitungen (z. B. die aktuelle Tageszeitung), eventuell Steine, Fotos, ein persönlicher Text, Trockenblumen oder Buchs
- geeignetes Werkzeug: Drahtscheren für Draht und Hühnergitter, Gartenscheren und normale Scheren

Arbeitshaltung
auf dem Boden oder am Tisch

Einführung

Als Erstes wird die Gruppe mit dem Inhalt der Einheit vertraut gemacht. Das kann z. B. mit einem geeigneten Text, einem Teil aus der Leidensgeschichte

Jesu, dem Betrachten eines Kreuzwegs oder einem Gespräch über persönliche Erfahrungen mit dem Kreuz geschehen. In der kreativen Arbeit geht es darum, dass jede sich mit dem Thema „Kreuz" auseinandersetzt und dabei ihr eigenes Kreuz gestaltet. Der Gestaltungsprozess kann dazu helfen, sich dem Thema zu nähern und wahrzunehmen, was die Einzelne dabei beschäftigt, welche Gedanken und Gefühle auftauchen, und was das Kreuz mit der eigenen, persönlichen Situation zu tun hat.

Vorbereitung

Material und Werkzeug liegen schon vor der Beginn der Arbeit im Raum bereit. Je nach Gruppe und räumlichen Gegebenheiten kann auch auf dem Boden gearbeitet werden. Wird das Material erst vorher draußen gesammelt, so ist entsprechend mehr Zeit für die Übung einzuplanen.

Ablauf

Die Teilnehmerinnen suchen sich zum Gestalten des Kreuzes das Material aus, das sie gerade im Augenblick anspricht. Die Äste oder Holzteile können mit Schnur oder Draht zusammengebunden werden. Eine Alternative ist es, die Kreuz-Grundform aus Hühnergitter zu gestalten. Dabei formt man das Gitter zuerst zu einer dünnen Rolle, fügt ggf. eine zweite, mit Draht befestigte Rolle als Querbalken an und bringt das Ganze in die Form, die man haben möchte. Man kann das Hühnergitter aber auch dazu verwenden, verschiedene Kleinteile am Grundgestell zu befestigen, z. B. Steine, einen aktuellen Zeitungsausschnitt, der für die betreffende Person mit dem Thema der Übung zu tun hat, ein Foto, andere kleine Gegenstände oder persönliche Sätze und Worte. Dazu nimmt man ein Stück Gitter, formt es entsprechend und befestigt es mit Draht am Grundgestell. Abschließend kann das Kreuz noch entsprechend geschmückt werden, z. B. mit Buchs, Trockenblumen oder bunten Bändern. Das Gestalten geschieht auch hier in Stille.

Auswertung

Wenn alle fertig sind, ist es gut, sich Zeit zu nehmen, um die Kreuze zu betrachten. Wer mag, kann dazu etwas erzählen. Das Gespräch kann sich an folgenden Fragen entlangbewegen:
♦ Wie ist es mir beim Gestalten ergangen?

- Welche Gedanken gingen mir dabei durch den Kopf?
- Welche Gefühle waren präsent?
- Was drückt dieses Kreuz für mich persönlich aus?

Abschluss

Zum Abschluss ist es möglich und sinnvoll, die Gruppenarbeit in einen größeren Zusammenhang zu stellen. Folgende Elemente können dabei hilfreich sein:
- die Kreuze im Kreis oder in Kreuzform im Raum auslegen, eventuell auf farbigen Tüchern
- einen Text lesen, der zum Thema passt, eventuell den gleichen wie am Anfang
- eine Zeit der Stille, vielleicht kombiniert mit Musik
- ein Teelicht zu den Kreuzen stellen und dazu sagen, an wen oder was man dabei denkt
- frische Blumen dazulegen, verbunden mit Wünschen für neues Leben bzw. neue Lebensmöglichkeiten
- am Anfang und am Ende ein passendes Lied singen
- am Ende ein Segensgebet sprechen

Möglichkeiten für die Weiterführung

Diese Einheit ist gut dazu geeignet, sie zu einem ganzen Besinnungs- oder Oasentag auszubauen oder bei gestalteten Kar- und Ostertagen einzusetzen. Ein Gespräch über die eigenen Erfahrungen mit dem Kreuz, über die Lebenssituation der Teilnehmerinnen oder ein ausführliches Bibelgespräch können dabei die kreative Gestaltung ergänzen. Es ist auch möglich, die Einführung zu der Übung mit einer Textpassage aus der Passion intensiver zu gestalten. Dazu sucht sich jede das für sie momentan passende Wort aus diesem Text heraus und gestaltet es in Schriftform oder in einfachen grafischen Zeichen auf Papier (am besten mit Buntstiften und Kopierpapier). Über diese Gestaltungsphase findet dann ein Austausch in der Gruppe statt, an den sich die Einheit „Ein persönliches Kreuz gestalten", wie oben dargestellt, anschließt. Die entstandenen Kreuze können auch in die Karfreitagsliturgie eingebracht werden. Dort lassen sie sich bei der Kreuzverehrung eindrücklich und augenscheinlich mit dem Kreuz Jesu in Verbindung bringen.

Meine Osterkerze gestalten

Thema
Ostern; Licht; Auferstehung

Einsatzmöglichkeiten
für gestaltete Kar- und Ostertage; zur Einstimmung auf Ostern

TeilnehmerInnenzahl
beliebig viele, aber auch als Einzelarbeit geeignet

Zeitrahmen
1 bis 2 Stunden, je nach Größe der Kerzen und der
für den Austausch zur Verfügung stehenden Zeit

Material
- weiße oder elfenbeinfarbene Kerzen, die nicht zu dünn sein sollten
- Wachsplatten in unterschiedlichen Farben und Farbtönen, nach Möglichkeit auch in Gold
- pro TeilnehmerIn ein Lineal, ein scharfes, kleines Küchenmesser und eine Schneidunterlage, Küchenkrepp
- für alle TeilnehmerInnen Kopien eines Textes zur inhaltlichen Einstimmung

Arbeitshaltung
am Tisch sitzend

Einführung

Das Licht ist eines der zentralen Symbole der österlichen Feiern. In der Osternacht wird die Osterkerze als Symbol für Christus in die dunkle Kirche hineingetragen. Nach und nach werden alle Kerzen in der Kirche entzündet. Eine persönlich gestaltete Kerze schafft schon beim Gestalten den Raum, die eigene, persönliche Situation mit dem österlichen Geschehen zu verbinden.

Vorbereitung

Zu Beginn wird der Arbeitsplatz hergerichtet und die Kerze vorbereitet. Dazu wischt man sie kräftig mit Küchenkrepp ab, damit die bei der Herstellung aufgetragene Schutzschicht entfernt wird und später das Wachs gut an der Kerze hält.

Ablauf

Zur Einstimmung bietet sich eine Textarbeit an. Dazu eignet sich eine der biblischen Ostergeschichten, der Text des „Exsultet" aus der Liturgie, eine der Lesungen aus der Osternacht oder auch ein Osterlied. Der Text wird zunächst laut vorgelesen. Nach einer Stille werden die Teilnehmerinnen dann dazu eingeladen, Sätze oder Worte, die sie in diesem Text ausgesprochen haben, zu wiederholen. So können sie sich dem Text nähern und den Satz oder das Wort finden, das sie im Augenblick gerade persönlich beschäftigt.
Anschließend beginnt die Gestaltung der Kerze. Alles, was den einzelnen Teilnehmerinnen persönlich wichtig ist, darf und soll dabei in Farben und Formen ausgedrückt werden. Auch österliche Symbole, wie Kreuz, Sonne, Stein, Baum oder Lamm, können Verwendung finden. Es gibt bei der persönlichen Gestaltung keine Vorgaben, sondern es kommt vielmehr darauf an, das Eigene mit der Ostergeschichte in Verbindung zu bringen. Zur Gestaltung der Kerze wird das Wachs aus den Platten ausgeschnitten und mit den Händen auf der Kerze angedrückt. Man kann dabei z. B. Farbflächen aneinandersetzen, aber auch mit dünnen Streifen wie mit einem Stift malen oder schreiben. Manchmal ist es reizvoll, zwei oder mehr Farben zu mischen. Dazu nimmt man kleine Wachsstücke, knetet sie mit warmen Fingern zusammen und drückt sie anschließend wieder flach. Mit dem goldfarbenen Wachs können dann einzelne Teile der Gestaltung akzentuiert werden. Zum Schluss wird noch das aktuelle Jahr auf die Kerze geschrieben, ebenso wie das Alpha und das Omega – der erste und letzte Buchstabe des griechischen Alphabets – in Bezug auf Christus, den Anfang und das Ende.
Wenn die Arbeit die Teilnehmerinnen intensiv zu sich selbst führen soll, dann ist es sinnvoll, in Stille zu arbeiten oder auch mit einer passenden österlichen Musik im Hintergrund. Aber auch, wenn man während des Gestaltens miteinander sprechen kann, entsteht eine sehr schöne, kreative Atmosphäre. Die Arbeit wird dann jedoch weniger in die Tiefe gehen.

Auswertung

Sind die Kerzen fertig gestaltet, dann kann sich eine Gesprächsrunde anschließen, die folgende Gesichtspunkte einbezieht:
- Wie hat sich das Motiv auf der Kerze entwickelt?
- Wie wurde der Gestaltungsprozess erlebt?
- Welcher Aspekt des österlichen Geschehens ist für die Teilnehmerinnen wichtig?

Abschluss

Zum Abschluss eignet sich:
- ein österliches Lied oder Gedicht
- eine Wiederholung des zur Einstimmung vorgetragenen Textes

Einen Stein formen

Thema
die innere Schönheit entdecken; Kraft und Ausdauer; Widerstand; Einfühlungs- und Durchhaltevermögen

Einsatzmöglichkeiten
als eigenständige, kreative, künstlerische Einheit; als sinnliche Erfahrung; zur Förderung der Konzentration; zum sinnvollen Ausagieren von Aggression; zum Arbeiten an Widerständen

TeilnehmerInnenzahl
beliebig viele, aber auch als Einzelarbeit geeignet

Zeitrahmen
2 bis 4 Stunden, je nach Größe der Gruppe und der verwendeten Steine

Material
- Speckstein in etwa faustgroßen Stücken (kann auch aus größeren Blöcken zurechtgesägt werden)
- Säge, kleines und stabiles Küchenmesser
- Specksteinraspeln (grob und fein), grobe und feine Stahlwolle
- Nassschleifpapier in drei Stärken (grob, mittel und ganz fein)
- Zeitungspapier, Gefäß mit Wasser
- ein weicher Lappen, weißes Bohnerwachs oder Specksteinöl

Arbeitshaltung
an fest stehenden, stabilen Tischen, am besten im Freien

Einführung

Viele Lebensvorgänge erfordern von uns Durchhaltevermögen und eine intensive Beschäftigung – im Zusammenleben mit anderen Mensche, in der Wahrung der Kontinuität in Schule oder Beruf oder auch in der Entwicklung und Verfolgung eigener Ziele. Meist benötigt man dazu den Einsatz der ganzen eigenen Kraft sowie Einfühlungsvermögen und Ausdauer, und bisweilen ist es auch nötig, geduldig an Widerständen zu arbeiten. Die Arbeit mit dem Speckstein macht diese Vorgänge plastisch fühl- und erlebbar.

Einen Stein formen

Speckstein ist ein Stein, der so weich ist, dass er mit dem Fingernagel geritzt und mit einem Küchenmesser bearbeitet werden kann. Gleichzeitig ist er doch hart und bietet Widerstand. Zum Bearbeiten gehört die ständige Berührung, d. h., man muss ihn halten, drehen und wenden, genau anschauen und sorgfältig bearbeiten. Es ist notwendig, mit Einfühlungsvermögen fest anzupacken und Kraft und Ausdauer einzusetzen, bis seine Schönheit sichtbar wird. Alle diese Aspekte werden in der vorliegenden Übung erlebbar, in der zudem auch eigene Lebenserfahrungen lebendig werden können. In dieser Einheit werden kleine Steine bearbeitet, die als Handschmeichler genutzt werden können oder einfach als Erinnerungsstück im Regal stehen.

Ablauf

Zu Beginn bereiten die Teilnehmerinnen ihre Arbeitsplätze vor: Man benötigt einen fest stehenden, stabilen Tisch als Untergrund sowie einige Lagen mit Wasser befeuchtetes Zeitungspapier als Unterlage, um den entstehenden Staub zu binden. Nach einer kurzen inhaltlichen Einführung wählt jede Teilnehmerin den Stein aus, der ihr persönlich am meisten zusagt. In der folgenden Arbeitsphase bearbeiten die Teilnehmerinnen den Stein zunächst mit der Raspel oder dem Messer. Dann werden die Steine mit Schleifpapier und Stahlwolle glatt geschliffen, und zwar beginnend mit dem gröbsten Schleifmaterial, dem bei jedem Arbeitsschritt ein feineres folgt. Dazwischen wäscht man immer wieder den Staub vom Stein, um zu sehen, wo sich noch Scharten befinden. Von Zeit zu Zeit wird die feuchte Zeitungsunterlage mit dem Staub entsorgt und erneuert. Wenn ein Arbeitsgang mit Stahlwolle ansteht, dann ist es wichtig, dass der Stein dazu trocken ist. Den Abschluss bildet das feinste Nassschleifpapier, um den Speckstein vollständig zu glätten. Dann wird er noch einmal gewaschen und nach dem Trocknen mit Bohnerwachs eingerieben und poliert, bis er glänzt. Alternativ kann man hierzu auch Specksteinöl verwenden.

Auswertung

Die Teilnehmerinnen zeigen sich einander die von ihnen angefertigten Steine. Wenn sie möchten, geben sie sich die Steine auch gegenseitig in die Hand. Der dabei stattfindende Austausch kann sich an den folgenden Fragen orientieren:
♦ Welche Erfahrungen habe ich beim Arbeiten gemacht?
♦ Gibt es Lebenserfahrungen, die sich damit verbinden?
♦ Welche Gedanken und Gefühle sind mir dazu gekommen?

Abschluss

Zum Abschluss dieser Einheit passt:
♦ Stille
♦ ein geeigneter Text
♦ ein Segensgebet

Für die Übung geeigneter Text

Wenn ein Meister ein Bild macht
aus einem Stück Holz oder einem Stein,
so trägt er das Bild nicht in das Holz hinein;
vielmehr schneidet er die Späne ab,
die das Bild verborgen und verdeckt hatten.
Er gibt dem Holz nichts,
sondern er nimmt und gräbt ihm die Decke ab
und nimmt den Rost weg –
und dann erglänzt, was darunter verborgen lag.

Meister Eckehart
(aus: Meister Eckehart, 1993, S. 144)

Leporello

Thema
ein Ort für Erinnerungen; Rückblick; Zusammenschau; nonverbale Kommunikation

Einsatzmöglichkeiten
zum (Jahres-)Rückblick; zur Auswertung und Reflexion eines Gruppenerlebnisses; als Feedback

TeilnehmerInnenzahl
beliebig viele, aber auch als Einzelarbeit geeignet

Zeitrahmen
2 bis 3 Stunden, je nach Zielrichtung

Material
- festes, weißes Zeichenpapier oder Tonpapier für das Leporello (in ca. 10 bis 15 cm breiten Streifen)
- weißes Zeichenpapier für die kleinen Bilder auf den einzelnen Leporelloseiten
- Karton oder festes Papier für den Deckel
- Ölpastellkreiden oder Buntstifte
- Unterlagen, Lineal, Bleistift, Scheren, Alleskleber

Arbeitshaltung
am Tisch

Einführung

Ein Leporello ist ein breiter Papierstreifen, der, zu einer „Ziehharmonika" gefaltet, eine Art Buch ergibt. Vorne und hinten ist es mit einem Deckel versehen. Es kann auf beiden Seiten genutzt werden, z.B. als eine Art Fotoalbum oder als Album für selbst gemalte, kleine Bilder. Diese Arbeit eignet sich gut für einen persönlichen Rückblick, z.B. über das vergangene Jahr, oder für den Rückblick einer Gruppe auf eine gemeinsam verbrachte Zeit. Ein solches persönliches bzw. Gruppenleporello schafft Raum für eigene Erinnerungen oder wichtige (Gruppen-)Erlebnisse.

Es ist hilfreich, das Leporello in Stille anzufertigen, denn so gelingt es besser, den Erlebnissen nachzuspüren, zu schauen, was geworden ist und die verschiedenen Ereignisse einer Lebensetappe im Zusammenhang zu sehen. Es geht dabei aber nicht um eine Bewertung, sondern um den Gestaltungsprozess und die Zusammenschau der einzelnen Bilder als Ganzes.

Ablauf

Der erste Arbeitsschritt besteht darin, das Leporello herzustellen, im zweiten Arbeitsschritt wird es dann gestaltet. Zuerst werden aus festem Zeichenpapier oder aus Tonpapier 10 bis 15 cm breite Streifen geschnitten, die an ihrer kurzen Seite aneinandergeklebt werden, bis ein Papierstreifen in der gewünschten Länge entsteht (1 bis 2 m für eine Einzelperson, entsprechend länger für eine Gruppe). Dann beginnt man, den Papierstreifen zu einer „Ziehharmonika" zu falten. Der Abstand der einzelnen Falze richtet sich nach der Größe und dem Format, die die einzelnen Seiten des Leporellos haben sollen (also quadratisch oder rechteckig, Hoch- oder Querformat). Jeder Falz begrenzt dabei eine Seite. Für ein Gruppenleporello können auch größere Papierstreifen, mit 20 oder 25 cm Breite, verarbeitet werden. Vorne und hinten bekommt das so entstandene „Buch" einen Deckel, der im Lauf des Gestaltungsprozesses noch entsprechend geschmückt werden kann und dann aufgeklebt wird. Anschließend werden als Bilder so viele kleine Zeichenblätter zugeschnitten, wie das Leporello Seiten hat.
Im nächsten Schritt gestaltet jede für sich auf den ausgeschnittenen kleinen Zeichenblättern die Bilder, die zu dem jeweils reflektierten Lebensabschnitt, zu dem jeweils erinnerten, besonderen Ereignis, der gemeinsamen Freizeit, dem gemeinsam erarbeiteten Thema usw. gehören. Dann werden die Bilder geordnet, in eine Reihenfolge gebracht und in das Leporello eingeklebt. Gestaltet jedes Gruppenmitglied sein eigenes Leporello, dann wird in Stille gearbeitet, entsteht hingegen ein Gruppen-Leporello, dann wird spätestens das Ordnen der einzelnen Bilder ein Gespräch erfordern. Bei einem Leporello aus weißem Papier kann auch direkt mit den Farben auf dem Leporello gemalt werden. Dazu beginnt man einfach vorne mit einem Bild und spürt dann nach, welches Bild als Nächstes kommen will, gleichsam als Antwort auf das vorhergehende. Der Deckel auf der Vorder- und der Rückseite kann noch eigens gestaltet werden, sodass das kostbare Innere gut geschützt, geschmückt und gewürdigt wird.
Eine weitere Alternative ist es, dass jedes Gruppenmitglied zwar ein eigenes Leporello gestaltet und das erste Bild selbst hineinmalt, die Leporellos aber dann in der Gruppe die Runde machen. Dabei malt dann jede Teilnehmerin

ein weiteres Bild in das Leporello, das sie gerade erhält, „antwortet" also gleichsam mit ihrem Bild auf das vorherige. Kommt dieses Leporello schließlich zu seinem Besitzer zurück, dann ist darin eine Abfolge von Bildern zu sehen, die sich möglicherweise zu einer Geschichte verbinden und der jeweiligen Person auf einer bildhaften Ebene eine Rückmeldung zum eigenen Thema geben. Diese Variante eignet sich allerdings erst ab einer Gruppengröße von 8 bis 10 Teilnehmerinnen, und auch die Größe der Leporellos, d. h. die Anzahl der möglichen Bilder, muss entsprechend angepasst werden.

Auswertung

Am Ende steht eine Austauschrunde, in der sich die Gruppenmitglieder einander ihre Erlebnisse beim Gestalten erzählen. Folgende Impulse können dieses Gespräch anregen:
- Wie ist es mir beim Gestalten ergangen?
- Was ist mir eingefallen?
- Was war für mich überraschend, neu oder erstaunlich?
- Wenn ich das Ganze anschaue, was fällt mir auf?
- Welchen Titel könnte dieses „Buch" haben?
- Wie ergeht es mir mit den Bildern, die von den anderen in mein Leporello gemalt worden sind? Ergibt sich daraus vielleicht ein Thema?

Abschluss

Je nach Zusammenhang eignen sich als Abschluss folgende Elemente:
- eine Stille, um das Erzählte und Gesehene wirken zu lassen
- ein gemeinsames Lied
- eine Geschichte, ein biblischer Text oder ein Gedicht
- ein Segensgebet

Mandala aus Naturmaterialien

Thema
zur Mitte kommen; gemeinsam an einem Ganzen arbeiten; Herbst; Vergänglichkeit und Fülle

Einsatzmöglichkeiten
als eigenständige thematische Einheit; als Einstieg in einen Gruppen-Gottesdienst; zum Abschluss eines Seminars

TeilnehmerInnenzahl
6 bis 8 Personen

Zeitrahmen
1 bis 1,5 Stunden

Material
- herbstliche Baum- und Strauchblätter in allen Größen und Farbschattierungen
- Herbstfrüchte, wie z. B. Eicheln, Kastanien, Hagebutten, schwarze oder rote Beeren, dazu Steine, Sand, Erde, Tannengrün, kleine Äste, Rinde, Stroh und alles, was sonst noch in der Natur zu finden ist
- eine Unterlage (Papier oder ein weißes Leinentuch), worauf das Mandala gelegt werden kann, Tabletts oder Ähnliches für das Material
- Stifte, Schnur
- eventuell eine Kerze

Arbeitshaltung
am Boden

Einführung

Der Herbst erinnert nicht nur an die Vergänglichkeit des Menschen, sondern hat gleichzeitig ein großes Farbenspektrum und einen Reichtum an Früchten zu bieten. Um die Fülle der herbstlichen Vielfalt und des menschlichen Lebens zu zeigen, bietet es sich an, ein Mandala aus Naturmaterialien zu gestalten. In der runden Form kommt das Ganzsein zum Ausdruck, und beim Tun wird

Mandala aus Naturmaterialien 81

deutlich, dass jeder Einzelne an seinem Platz wichtig ist. Das Mandala ist eine Meditationshilfe, bei der Formen und Farben um eine Mitte herum geordnet werden. Auch das Gestalten des Mandalas von außen nach innen kann die Erfahrung vermitteln, dass es eine Mitte gibt, an die sich die einzelnen Teilnehmerinnen annähern können und die hilft, sich im Dasein geborgen zu fühlen.

Vorbereitung

Das herbstliche Material für das Mandala wird möglichst frisch gesammelt, da sich die Blätter schnell zusammenrollen. Sie können auch gepresst verwendet werden, verlieren dabei jedoch meist viel von ihrer Leuchtkraft und Farbe. Die Früchte können gut ein paar Tage vorher gesucht und dann im Kühlschrank gelagert werden. Als Nächstes wird das Material nach Farben geordnet und auf Tabletts hergerichtet, sodass die Teilnehmerinnen die Vielfalt nicht als Chaos erleben und in Ruhe arbeiten können.
Auf die Unterlage für das Mandala wird ein großer Kreis mit etwa 1,5 m Durchmesser gezeichnet. Dazu benutzt man am besten zwei Stifte, die durch eine Schnur miteinander verbunden sind. Ein Stift wird in der Mitte auf der Unterlage festgehalten, während mit dem anderen um diese Mitte herum der Kreis gezogen wird. Wenn die Unterlage ein Leinentuch ist, das man nicht bemalen will, dann kann man den Kreis auch mit einer Schnur markieren, die man einfach auf diese Unterlage legt. Anschlie-

ßend wird der Kreis in so viele Teile aufgeteilt, wie Teilnehmerinnen anwesend sind, und die Mitte des Mandalas als weiterer, kleiner Kreis gekennzeichnet.

Ablauf

Nach einigen einführenden Gedanken zur Bedeutung des Mandalas legen die Teilnehmerinnen in Stille mit den Naturmaterialien ein Mandala auf dem vorbereiteten Untergrund auf. Jede geht dabei zunächst von ihrem Segment aus, die Mitte kann dann gemeinsam gestaltet werden. Dort kann auch eine brennende Kerze stehen, als Licht in der Mitte der Gruppe, das darauf hinweist, dass es eine Mitte gibt, die alles und alle übersteigt, die trägt und verbindet. Die Teilnehmenden sollen beim Legen des Mandalas auf ihre Gefühle und Stimmungen achten, während die Leitung den Gestaltungsprozess beobachtet.

Auswertung

Die Teilnehmenden werden dazu aufgefordert, in einer Runde von den Erfahrungen zu berichten, die sie beim Gestalten des Mandalas gemacht haben, die Leitung ergänzt diese Erzählungen und Schilderungen mit ihren Beobachtungen von außen.
Folgende Fragen können hierbei ein Gesprächsimpuls sein:
♦ Was habe ich erlebt?
♦ Welche Gefühle, Stimmungen und Gedanken sind aufgekommen? An welchen Stellen des Gestaltungsprozesses?
♦ Wie erging es mir mit meinen Nachbarn?
♦ Wie habe ich die Gestaltung der Mitte erlebt?
♦ Wie wirkt das Ganze?

Abschluss

Den Abschluss bilden eine kurze Stille und ein passender Text (z. B. das unten stehende Gedicht) oder ein Gebet.

Für die Übung geeigneter Text

Herbst

Die Blätter fallen, fallen wie von weit,
als welkten in den Himmeln ferne Gärten;
sie fallen mit verneinender Gebärde.

Und in den Nächten fällt die schwere Erde
aus allen Sternen in die Einsamkeit.

Wir alle fallen. Diese Hand da fällt.
Und sieh dir andre an: es ist in allen.

Und doch ist Einer, welcher dieses Fallen
unendlich sanft in seinen Händen hält.

Rainer Maria Rilke
(aus: Rilke, 1986, S. 346)

Zum Weiterlesen

Dörig, Bruno: Schenk dir ein Mandala, H. 1, Verlag am Eschbach, Eschbach 1988, 9. Aufl. 1997.

Schatzkästchen

Thema
Selbstwertschätzung; die eigenen Ressourcen entdecken; positive Erfahrungen bewusst wahrnehmen; Dankbarkeit als Gegengewicht zum Alltagsfrust

Einsatzmöglichkeiten
bei Alltagsfrust; in schwierige Lebenssituationen, zum Jahreswechsel; als eigenständige, kreativ-thematische Einheit

TeilnehmerInnenzahl
beliebig viele, aber auch als Einzelarbeit geeignet

Zeitrahmen
1 bis 2 Stunden

Material
- kleine Pappschachteln, die mehr breit als hoch oder auch rund sind und einen Deckel haben
- weißes und buntes Papier zum Bekleben
- verschiedene Farben zum Bemalen, z.B. Ölpastellkreiden, Deckfarben, Acryl- oder Gouachefarben
- goldener Draht, Spiegelscherben, kleine Perlen, Stoffreste
- Reste von buntem Papier oder Geschenkpapier
- Kalenderblätter oder anderes Bildmaterial zum Ausschneiden
- Pinsel, Wasserbecher, Unterlagen
- Scheren, Alleskleber, kleine Zettel und Stift für jedes Kästchen
- Haarlack oder Klarlack

Arbeitshaltung
am Tisch

Einführung

Tag für Tag werden wir in den Medien mit Schreckensnachrichten konfrontiert. Immer wieder kommen wir Menschen auch in die Situation, dass der Alltag mühsam wird und uns einiges abverlangt. Oft fällt uns dabei viel mehr auf, was alles schwierig, hinderlich oder einfach negativ ist. Krisen und Schicksalsschläge tun das ihre dazu. Umso wichtiger ist es, an die eigenen Ressourcen anzuknüpfen und die Wahrnehmung für all das zu schulen, was uns stärkt. Es gilt also, die kleinen und großen Schätze im Alltag zu entdecken und darüber nachzudenken, dass jeder Mensch auch selbst ein Schatz ist. Dazu kann die folgende Übung helfen.

Ablauf

Am Beginn der Übung kann eine Geschichte über eine Schatzsuche stehen, eine Fantasiereise zu einem verborgenen Schatz, die biblische Erzählung vom Schatz im Acker (Mt 13,44–46) oder der Text aus dem Buch Jesaja, in dem uns Menschen zugesagt wird, dass wir in den Augen Gottes „teuer und wertvoll" sind (Jes 43). Das Gestalten eines Schatzkästchens kann helfen, darüber nachzudenken, wo sich jeder von uns selbst als kostbaren Schatz erlebt oder wo wir Menschen und Dingen begegnen, die für uns ein Schatz sind. Ein Schatzkästchen ist der Ort, an dem solche Erlebnisse und Erfahrungen bewusst gesammelt werden. Zur Ausstattung eines solchen Schatzkästchens gehören deshalb auch kleine Zettel und ein Stift.
Alle Teilnehmerinnen gestalten in Stille aus den vorhandenen Pappschachteln ihr persönliches Schatzkästchen. Dabei kann mit ganz verschiedenen Materialien gearbeitet werden. Wenn bunte Schachteln (z. B. von Verpackungen) bemalt werden sollen, ist zunächst eine weiße Grundierung notwendig, z. B. mit Acrylfarbe. Ist die Grundierung trocken, dann kann darauf mit allen anderen Farben gemalt werden. Das Kästchen sollte sowohl innen als auch außen gestaltet werden. Dabei sind der Fantasie keine Grenzen gesetzt. Wer nicht malen will, der kann auch buntes Papier oder Geschenkpapier ausschneiden und dieses auf die Schachtel kleben, mit Stoffresten und Perlen arbeiten oder beides kombinieren.

Auswertung

Sind die Schatzkästchen fertig, dann kann man sie in der anschließenden Runde den anderen Mitgliedern der Gruppe zeigen und dabei erzählen:
♦ Wie ist es mir beim Gestalten ergangen?
♦ Was ist mir dabei eingefallen?
♦ Was ist mir dabei aufgefallen?

Je nach Zusammenhang und der Vertrautheit der Gruppenmitglieder untereinander kann auch ein Gespräch darüber entstehen, was in diesem Kästchen nun gesammelt werden soll.

Abschluss

Zum Abschluss bieten sich verschiedene Möglichkeiten an:
♦ die Geschichte oder den Text vom Anfang noch einmal lesen
♦ einen anderen passenden Text vortragen
♦ ein gemeinsames Lied singen
♦ eine Stille
♦ ein freies Gebet
♦ ein Segensgebet

Ein Stern für dich

Thema
Einstimmung auf Weihnachten; sich an wichtige Menschen erinnern; „Sternstunden" wahrnehmen

Einsatzmöglichkeiten
als eigenständige thematische Einheit; als alternativer Einstieg in einen Gottesdienst; zum Jahresrückblick

TeilnehmerInnenzahl
beliebig viele

Zeitrahmen
1,5 bis 2 Stunden

Material
- goldener Fotokarton im DIN-A5-Format oder etwas kleiner
- Ölpastellkreiden, Reste von glitzerndem Geschenkpapier, Glimmerpulver
- Klebestifte, Alleskleber
- Kugelschreiber oder Folienstifte
- Scheren
- eventuell Haarlack oder Fixativ
- Nadel und Faden

Arbeitshaltung
am Tisch

Einführung

Die Advents- und Weihnachtszeit ist eine Zeit der Sterne. Die Dunkelheit draußen macht die Himmelslichter deutlicher sichtbar. Die Sterne, die in dieser Einheit gestaltet werden, sollen dazu helfen, intensiv an einen anderen Menschen zu denken, der wie ein Stern im eigenen Alltag ist. Den in dieser Übung angefertigten Stern dann tatsächlich – in Verbindung mit einem Wunsch – zu verschenken, kann die Beziehung zu diesem Menschen stärken. Eine Variante ist es, die hier gestalteten Sterne mit wichtigen, eigenen Erfahrungen zu verbinden und so eine Art Jahresrückblick zu vollziehen oder diese Sterne an den Christbaum zu hängen.

Ablauf

Alle Teilnehmerinnen erhalten ein Stück Fotokarton, auf das sie mit Ölpastellkreide den Umriss ihres Sterns malen. Dann wird dieser Stern mit kleinen Stückchen Geschenkpapier, mit Glimmer oder einfach mit Farben weiter geschmückt. Die Arbeit wird in Stille durchgeführt, wobei die Teilnehmerinnen an einen Menschen denken, der für sie persönlich wichtig ist. Speziell für diesen Menschen gestalten sie ihren Stern. Anschließend wird der Stern ausgeschnitten. Auf seine Rückseite können die Teilnehmerinnen einen Dank, einen Wunsch oder einen persönlichen Gedanken für den betreffenden Menschen schreiben. Zum Schluss erhält der Stern noch einen Faden zum Aufhängen und eine Schutzschicht aus Haarlack oder Fixativ.
Eine Variante ist es, wenn die Teilnehmerinnen die Sterne für eine oder mehrere besonders wichtige Erfahrungen des zu Ende gehenden Jahres anfertigen. Auch diese Erfahrungen können auf der Rückseite benannt werden, verbunden mit Wunsch oder Dank. Die Sterne können dann ein besonderer, persönlicher Schmuck für den Christbaum einer Familie oder Gruppe sein. Die Arbeit an den Sternen geschieht auch hier in Stille, eventuell verbunden mit passender Instrumentalmusik.

Auswertung

Wer will, kann in der Runde erzählen, welcher Mensch oder welches Ereignis sich hinter seinem Stern verbirgt. Im Rahmen eines Seminars kann man die Sterne dazu auf ein Tuch in die Mitte der Gruppe legen und dabei auch noch einmal die Unterschiedlichkeit der Sterne auf sich wirken lassen. In der Familie finden sie einen Platz an einem Strauß aus Tannenzweigen oder am Christbaum. Und wenn es sich um einen Stern für einen Menschen handelt, dann ist es besonders schön, diesen Stern auch an ihn zu verschenken.

Abschluss

Als Abschluss eignet sich:
- ein passender Text
- eine vorweihnachtliche Geschichte
- ein gemeinsames Stern-Lied
- ein Sternentanz

Literatur

Die hier dargestellte Gestaltungsidee stammt aus:
Michalski, Ute; Michalski, Tilman: Das große Ravensburger Bastelbuch. Neue Ideen für kreatives Gestalten, Ravensburger Buchverlag, Ravensburg 2004, S. 121.

Eindruck wird Ausdruck

Thema
persönliche Empfindungen ausdrücken; nonverbale Ausdrucksmöglichkeit; Aktivierung des Tastsinnes

Einsatzmöglichkeiten
als eigenständige thematische Einheit; als Einstieg in erfahrungsorientiertes Arbeiten; als Abschluss oder Vertiefung einer thematischen Einheit; zum Ende eines Seminars

TeilnehmerInnenzahl
beliebig viele, die Einheit kann jedoch auch allein oder zu zweit durchgeführt werden.

Zeitrahmen
1 bis 2 Stunden, je nach Intensität des Austauschs

Material
- Ton, und zwar pro TeilnehmerIn so viel, wie man gut in beide Hände nehmen kann
- Messer oder Draht zum Schneiden des Tons
- Wasser
- Goldfarbe (z. B. Acrylfarbe), feine Pinsel
- einige Bögen weißes oder einfarbiges Papier, worauf die Tonskulpturen nach der Fertigstellung abgelegt werden können

Arbeitshaltung
auf dem Stuhl sitzend; Tische sind nicht nötig

Einführung

Bei dieser Übung geht es darum, einer inneren Bewegung Ausdruck zu geben. Die Arbeit mit dem Ton hilft, die Aufmerksamkeit auf die Hände zu lenken und zu spüren, wie sich die Berührung mit dem Material anfühlt. Dabei wird zugleich der Tastsinn angeregt, und es besteht die Möglichkeit, noch andere Facetten wahrzunehmen als nur mit dem Sehsinn. Bei dieser Übung muss kein schönes Ergebnis entstehen, der Ton und die Hände sind das Ausdrucksmittel. Wichtig ist die Wahrnehmung dessen, was während des Gestaltungsprozesses geschieht und das Bewusstsein darüber, dass es sich um eine „Momentaufnahme" handelt. D. h., das, was mit den Händen geformt wird, gilt nur für den Augenblick und kann morgen schon wieder ganz anders aussehen.

Vorbereitung

Das Material liegt in der Mitte bereit. Jede nimmt sich so viel Ton, wie gut in beide Hände passt. Wenn der Ton zu trocken ist, kann man ihn noch mit Wasser anfeuchten, bis die Konsistenz angenehm ist.

Ablauf

Um aufmerksamer bei sich selbst zu sein, um Ablenkung zu vermeiden und die Kontrolle durch die Augen und das Denken zu verringern, wird mit geschlossenen Augen gearbeitet. Sollte das allerdings für jemand unangenehm sein oder im Laufe der Übung sehr unangenehm werden, dann steht es den Teilnehmerinnen selbstverständlich frei, die Augen zu öffnen. Besonders eindrucksvoll ist es aber, dies bewusst zu tun und am besten erst dann, wenn die Leitung dazu auffordert.
Die Teilnehmerinnen sitzen im Kreis. Die folgende Anleitung – versehen mit den entsprechenden Pausen, um das Gesagte zu vollziehen – kann die Teilnehmerinnen durch den Gestaltungsprozess begleiten:
„Ich schließe die Augen und nehme die Qualität des Tons wahr: ist er kalt oder angenehm temperiert, trocken oder feucht …? Dann mache ich meine Hände mit dem Material vertraut. Ich probiere aus, was ich mit dem Ton alles machen kann: Kneten, drücken, streichen, reißen, etwas einritzen. Ich bin mit meiner Wahrnehmung ganz bei meinen Händen, und wenn mir Gedanken durch den Kopf gehen oder Erlebnisse einfallen, kann ich sie mit der Bewegung meiner Hände in den Ton hineingeben. Dazu lasse ich mir Zeit und forme dann aus dem Ton eine runde Kugel. Es kann etwas dauern, bis die Kugel rund und glatt ist. Ich lasse mir Zeit, die Kugel wahrzunehmen und versuche dann, meinen Händen die Führung zu überlassen. Sie bearbeiten den Ton mit der Bewegung, die mir jetzt im Moment kommt. Ich bin ganz bei dieser Bewegung und bei der Berührung mit dem Ton. Die Hände wissen, was sie tun wollen und finden die Form.
Am Ende halte ich noch einmal inne, öffne ganz bewusst die Augen und nehme wahr, was ich in Händen halte. Ich schaue das entstandene Objekt genau an und achte darauf, was mir spontan dazu einfällt. Dann überlege ich

mir, welche Stelle daran besonders kostbar, besonders wertvoll ist und kennzeichne sie mit Goldfarbe."

Zu dieser Übung wird den Teilnehmerinnen genug Zeit gelassen. Ein Blick in die Runde macht der Leiterin bzw. dem Leiter deutlich, wann die Übung sinnvoll zu Ende gebracht wird. Alle Teilnehmerinnen sollen auf der einen Seite genügend Zeit zum Wahrnehmen haben, auf der anderen Seite darf aber der Spannungsbogen nicht überzogen werden.
Bei dieser Übung ist es für die Leitung hilfreich, selbst Ton in der Hand zu haben. So ist leichter nachzuvollziehen, wie viel Zeit für die einzelnen Wahrnehmungsschritte gebraucht wird. Anschließend werden die entstandenen Objekte auf weißem Papier in die Runde gelegt.

Auswertung

Bei einem Gang durch den Raum nehmen sich die Teilnehmerinnen Zeit, die einzelnen Tonobjekte zu betrachten. Folgende Fragen können im Anschluss in einen Austausch führen:
- Wie war der Gestaltungsprozess für mich?
- Was war meine Reaktion, als ich meine Skulptur angeschaut habe?
- War die Skulptur so, wie ich es mir vorgestellt habe, oder ganz anders?
- Was möchte oder kann ich zu der mit Goldfarbe bemalten Stelle erzählen?
- Kann ich meiner Skulptur einen Namen geben?

Abschluss

Je nach Situation und vorhandener Zeit gibt es verschiedene Möglichkeiten, die Einheit abzuschließen:
- eine gemeinsame Stille, um das Gesagte wirken zu lassen
- meditative Musik hören
- einen passenden (Bibel-)text vorlesen
- Stillehalten und dann den Gestaltungsprozess ins Gebet einbringen, also z. B. eine Bitte oder einen Dank aussprechen. Dabei kann man ein Licht anzünden und zu den gestalteten Objekten stellen
- im Rahmen eines Kurses kann man die entstandenen Skulpturen mit anderen Ergebnissen des Kurses in Zusammenhang bringen

Traumgefäße

Thema
Träume wahrnehmen und ausdrücken

Einsatzmöglichkeiten
als eigenständige thematische Einheit

TeilnehmerInnenzahl
mindestens 6 bis 8 Personen, die Übung kann aber auch mit vielen TeilnehmerInnen gut durchgeführt werden

Zeitrahmen
1 bis 2 Stunden, je nach Gruppengröße

Material
- Ton
- goldene Farbe, Pinsel, Tische
- ein fester Karton als Unterlage, Schalen mit Wasser
- einige alte Messer, Schaschlikstäbchen, eventuell Töpferwerkzeug
- eventuell Postkarten und dicke Filzstifte
- Papierbögen oder ein passendes Tuch, um die Gefäße anschließend zu präsentieren

Arbeitshaltung
am Tisch

Einführung

„Wenn einer alleine träumt, ist es nur ein Traum, wenn viele gemeinsam träumen, dann ist es der Beginn einer neuen Wirklichkeit." – dieser Gedanke des brasilianischen Erzbischofs Dom Hélder Câmara (1909 – 1999), der uns auch als Kanon überliefert ist, ermutigt uns, unseren persönlichen Träumen Aufmerksamkeit zu schenken. Träume sind Quellen neuer Ideen, sie zu träumen ist der erste Schritt, sie Wirklichkeit werden zu lassen. Ihnen Ausdruck zu verleihen und sie damit in unserer Gegenwart sichtbar zu machen, dazu können die Traumgefäße beitragen, die in dieser Übung gestaltet werden.

Vorbereitung

Zu Beginn wird der Arbeitsplatz hergerichtet: Alle Teilnehmerinnen erhalten dazu eine Unterlage, ein Gefäß mit Wasser und so viel Platz, dass ungestört gearbeitet werden kann.

Ablauf

Zur Einstimmung vor oder nach einer Einführung in das Thema eignet sich ein Lied zum Thema „Traum", z. B. der oben erwähnte Kanon nach dem Text von Dom Hélder Câmara. Nach einer Anleitung, bei der es um die Selbstwahrnehmung der momentanen Befindlichkeit der Teilnehmerinnen und um das Stillwerden geht, nehmen sich alle jeweils so viel Ton, wie gut in beiden Händen zu halten ist.
Zuerst wird mit dem Material experimentiert, d. h., es wird geknetet, gedrückt, gestrichen und dabei gespürt. Anschließend formen die Teilnehmenden daraus eine Kugel. Wenn alle so weit sind, kommt der Impuls, sich mit dem eigenen Lebenstraum zu verbinden und für diesen Traum ein Gefäß zu formen. Wie muss dieses Gefäß beschaffen sein, um ihn gut zu fassen? Offen, geschlossen, mit Deckel, hoch und schmal oder weit und ausladend?
Das Gefäß entsteht zunächst in den Händen, aber auch Unterlage, Tisch und Werkzeug können zu Hilfe genommen werden. Gearbeitet wird in Stille, und um noch deutlicher wahrzunehmen, kann man zeitweise oder auch von Anfang an die Augen schließen. Für diesen Fall sollte sich eine Gruppe jedoch untereinander gut vertraut sein und die Teilnehmerinnen sich frei dafür oder dagegen entscheiden können. Am Ende können die Gefäße mit Goldfarbe geschmückt werden.

Auswertung

Für eine anschließende Gesprächsrunde werden die Gefäße in die Runde gelegt. Je nach Farbe des Tons und des Bodens platziert man sie einfach auf weißem Papier oder auf einem entsprechenden Tuch. Die Teilnehmerinnen können an folgenden Fragen entlang von ihren Lebensträumen erzählen:
♦ Wovon träume ich?
♦ Wie viel Raum hat dieser Traum bisher in meinem Leben bekommen?
♦ Was hat mein Gefäß mit diesem Traum zu tun?

Ist die Gruppe sehr groß, dann ist es sinnvoll, das Erzählen auf einige wenige Sätze je Person zu beschränken oder den Traum in zwei oder drei Worten –

ähnlich wie einen Titel zu einem Kunstwerk – auf eine Postkarte zu schreiben und diese neben das Gefäß zu legen. Sind die Gefäße getrocknet und der Ton fest geworden, dann können die Gefäße die Teilnehmerinnen auch im Alltag an ihre Träume erinnern und damit eine zielgerichtete Umsetzung begleiten.

Abschluss

Zur Abrundung dieser Einheit eignet sich:
- ein Gang durch die „Galerie" mit den Gefäßen und Träumen, am besten in Stille
- eine Wiederholung des eingangs gesungenen Liedes oder Kanons
- ein passender Text (wie z. B. der unten stehende) oder ein Segensgebet

Möglichkeiten zur Weiterarbeit

Ähnlich wie bei der Übung „Schlüssel-Erlebnis" (siehe S. 64) beschrieben, können auch hier konkrete Schritte für die Umsetzung des Traums erarbeitet werden.

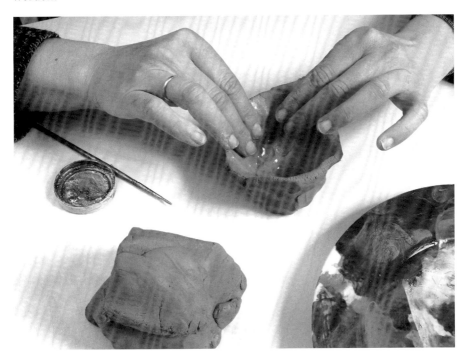

Für die Übung geeigneter Text

Gott
lehre mich zu träumen
um auf den Weg zu kommen
zu mir, zu dir
und zu den Menschen
zu meinem Traum von Leben
zu Hoffnung, Sehnsucht
und verdrängten Ängsten

Gott
lehre mich zu träumen
um auf dem Weg zu bleiben
nicht aufzuhören mit der Suche
nicht totzuschweigen meine Wahrheit
sondern zu wachsen und zu reifen
zu einem großzügigen
und weiten Leben

Gott
lehre mich zu träumen
um das Ziel nicht zu verlieren
dass die Gewohnheit
nicht am Aufbruch hindert
der täglich fordernd
und gefordert ist
damit wir menschlich leben
und Liebe
das Zusammensein bestimmt
dass Friede werden kann
in mir, bei uns
und auf der Erde

Gott
lehre mich zu träumen
dass ich nicht überhöre
was du mir sagen willst
dass ich im Innern
deinen Ruf vernehme
und höre und erahne deine Pläne
um im Erkennen
Schritt für Schritt zu folgen
und ich nie aufhöre zu gehen

Almut Haneberg

Wunschkugeln

Thema
Wünschen; persönlichen Wünschen einen Ausdruck verleihen

Einsatzmöglichkeiten
in der Vorweihnachtszeit; zum Jahreswechsel oder zu anderen Anlässen, die mit Wünschen verbunden sind; am Ende eines Seminars; als eigenständige thematische Einheit

TeilnehmerInnenzahl
beliebig viele

Zeitrahmen
1 bis 2 Stunden, je nach Größe der Gruppe

Material
- pro Person je ein etwa walnussgroßes Stück Ton
- verschiedene Materialien, um die Wünsche auszudrücken, also z.B. etwas Immergrünes (Moos, Buchsblätter o.Ä.), ein klein wenig Erde, etwas Goldenes (z.B. das Goldpapier von Pralinen), kleine Holzstöckchen, kleine bunte Perlen, Stückchen von Tannenzapfen, Blumensamen, ein kleines Stück Fell, Watte, Duft in Form von getrockneten Kräutern oder Gewürzen (z.B. Lavendel, Zimt, Nelken), eventuell auch ätherisches Öl, kleine Steinchen usw.
- Papier, kleine Zettel, Stifte, Goldfäden und Goldfarbe
- meditative Musik

Arbeitshaltung
am Tisch

Einführung

Die Vorweihnachtszeit, der Beginn oder das Ende der verschiedenen Jahreszeiten oder auch ein runder Geburtstag sind Zeiten, in denen Erinnerungen wach und unsere Wünsche lebendig werden. Diese Übung möchte dazu helfen, sich der eigenen Wünsche bewusst zu werden, sich an sie zu erinnern und wirklich aktiv und mit Kraft zu wünschen. Sich etwas zu wünschen und das bewusst und intensiv zu tun, kann innere Kräfte lebendig machen, kann wirklich etwas bewegen. Was sich dann ereignet oder wie ein Wunsch in Erfüllung geht, das bleibt offen. Wichtig ist, den eigenen Wunsch erst einmal bewusst wahrzunehmen.

Ablauf

Zu Beginn der Übung nähern sich die Teilnehmerinnen ihren Wünschen an. Das Anhören einer meditativen Musik hilft dabei, sich zu sammeln. Die Teilnehmerinnen überlegen sich, in welcher Situation sie im Moment leben, was sie freut oder belastet und was sie sich im Moment für sich oder die Menschen, mit denen sie zusammenleben, wünschen. Es können mehrere, verschiedene Wünsche sein, vielleicht entsteht dabei auch ein persönlicher „Wunschzettel". In einem zweiten Schritt versuchen sie zu klären, welcher Wunsch jetzt gerade der wichtigste für sie ist. Für diesen Wunsch gestalten sie nun eine „Wunschkugel".
Dazu erhält jede ein walnussgroßes Stück Ton. Daraus wird eine kleine Schale geformt, in die verschiedene Materialien hineingelegt werden können:
- ein wenig Erde – als Ausdruck für den Boden, auf dem ich stehe
- etwas Grünes – als Ausdruck für die Kraft des Wachsens und die Hoffnung, die damit verbunden ist
- etwas Goldenes oder eine Perle – für etwas Kostbares
- ein Holzstöckchen – für etwas Starkes, Kräftiges und Widerständiges
- eine Schuppe vom Tannenzapfen oder einen Blumensamen – für das, was aufgehen und fruchtbar werden soll
- Fell oder ein Stückchen Watte – für etwas Weiches
- ein Gewürz oder Kräuter – für den Duft
- ein winziger Zettel, auf den ich ein Wort schreiben kann, das mit meinem Wunsch zu tun hat
- ein kleines Steinchen – für die Widerstandsfähigkeit oder etwas, das mich trägt

Diese Liste kann man beliebig erweitern. Jede kann das auswählen, was den eigenen Wunsch am besten zum Ausdruck bringt und die einzelnen Materialien mit ganz persönlichen Bedeutungen belegen.
Die einzelnen Materialien werden in Stille ausgesucht, in die persönliche Wunschkugel gelegt, und dann kann der eigene Wunsch auch noch in sie hineingesprochen werden. Schließlich wird die Kugel geschlossen. Sie birgt also den Wunsch in sich, der sehr konkret, aber nach außen noch nicht sicht-

bar ist. Dann kann die Kugel mit Goldfarbe verziert und mit einem Goldfaden umwickelt werden, an dem sie auch aufgehängt werden kann.

Auswertung

Je nach Größe und Zusammensetzung der Gruppe sowie der Zielvorgabe kann sich dann ein Gespräch über den Ablauf der Übung anschließen:
- Was hat die Teilnehmerinnen beschäftigt?
- Wie erging es ihnen beim Gestalten?
- Wie sieht der Wunsch aus, wie fühlt er sich an, wie schmeckt oder riecht er?
- Was kann der Wunsch bewirken?

Es ist gut zu überlegen, ob die Teilnehmerinnen ihren Wunsch einander auch konkret mitteilen wollen, denn Wünschen ist etwas sehr Intimes und Geheimnisvolles. Wenn jemand etwas darüber sagen möchte, dann ist es angemessener, den Wunsch zu beschreiben als ihn einfach nur zu nennen. Damit ist das Geheimnis der betreffenden Person gewahrt und sichergestellt, dass alle achtsam mit den Geheimnissen der anderen umgehen.

Abschluss

Zum Abschluss der Einheit eignen sich folgende Elemente:
- beim Erzählen über den Gestaltungsprozess die Kugeln in die Mitte der Gruppe legen
- eine gemeinsame Stille
- eine brennende Kerze in die Mitte stellen
- ein passendes Gebet sprechen und um Segen für diese Wünsche bitten
- gemeinsam ein Lied singen

Jede Teilnehmerin nimmt ihre Kugel am Ende mit nach Hause und sucht dort für sie einen Ort, wo sie sie immer wieder sieht, um an den eigenen Wunsch erinnert zu werden und weiter aktiv zu wünschen.

Krippe – alternativ

Thema
Advent; künstlerische Umsetzung eines Bibeltextes (Jes 11,1–10)

Einsatzmöglichkeiten
bei einem vorweihnachtlichen Wochenende oder Besinnungstag

TeilnehmerInnenzahl
mindestens 6 bis 8 Personen, es kann aber auch in einer größeren Gruppe (15 bis 20 Personen) gearbeitet werden

Zeitrahmen
2 bis 3 Stunden oder ein ganzer Tag, je nachdem, wie ausführlich die biblische Vorarbeit oder die anschließende Auswertung durchgeführt werden soll

Material
- hell- oder dunkelbrauner Ton, pro Teilnehmerin etwas so viel, wie man gut in beiden Händen halten kann
- Draht und Messer zum Tonschneiden, eventuell Zahnstocher oder Zündhölzer, um feine Details zu gestalten
- flache Schalen mit Wasser, um während der Arbeit die Hände befeuchten zu können
- Unterlagen aus Pappe oder Holz
- Naturmaterialien, z. B. Steine, Wurzeln, Erde, Stroh, Rinde, getrocknete Blumen, Disteln o. Ä.
- bunte Tücher und Gefäße unterschiedlicher Größe mit einem flachen Boden, zum Gestalten einer Landschaft
- eine Kopie des oben erwähnten Bibeltextes für alle Teilnehmerinnen

Arbeitshaltung
am Tisch

Einführung

In der Adventszeit werden in der Liturgie der christlichen Kirchen immer wieder Texte aus dem Buch Jesaia gelesen. Diese alten, prophetischen Texte beschreiben mit anschaulichen Bildern und starken Worten die Hoffnung des Volkes Israel, das auf den Messias, den Erlöser wartet, von dem grundsätzliche Veränderungen der Lebenswirklichkeit ausgehen sollen. Für uns heutige Menschen leuchtet in diesen Texten die starke Sehnsucht auf, die im Advent im Mittelpunkt des religiösen Lebens steht. Durch die kreative Beschäftigung mit diesen Bildern ist es möglich, den eigenen Ort, die eigene Gestalt in dieser Geschichte zu finden und die biblischen Inhalte mit dem eigenen Leben zu verbinden.

Ablauf

Als Erstes werden die Teilnehmerinnen mit dem erwähnten Bibeltext (Jes 11,1–10) vertraut gemacht. Dazu bieten sich – je nach verfügbarem Zeitrahmen – zwei Alternativen an: Die eine Möglichkeit ist, mit einem Bibelgespräch zu beginnen. Dabei wird zunächst der Text laut vorgelesen, wobei sich die Teilnehmerinnen einfach darauf konzentrieren, was sie hören. Nach dem Lesen und einer Stille wiederholt jedes Gruppenmitglied diejenigen Worte und Sätze, die es persönlich am meisten ansprechen – zunächst ohne Kommentar. Daran schließt sich ein Gespräch über das an, was die Teilnehmerinnen im gegenwärtigen Augenblick an diesem Text berührt, freut, ärgert oder auch nachdenklich macht. Es geht dabei aber nur um einen Austausch, nicht um eine Diskussion. Eine andere Möglichkeit ist es, den Text gemeinsam zu lesen und die Teilnehmerinnen zu bitten, in einer anschließenden Stille dem nachzugehen, was sie gerade im Moment persönlich daran anspricht, welche Szene oder welches Wort sie also besonders berührt, und die eigenen Einfälle und Assoziationen dazu für sich zu notieren.
Anschließend wird gemeinsam die Landschaft gestaltet, die zu diesem Text gehört – eine hügelige, karge Landschaft. Dazu werden Gefäße mit unterschiedlicher Größe und einem flachen Boden umgedreht und mit Tüchern in unterschiedlichen Farben bedeckt – fertig ist die Landschaft, in welche die entstehenden Figuren gestellt werden können. Weitere Details, wie z. B. Steine, Wurzeln oder andere Naturmaterialien, können dann beim Aufstellen der Figuren hinzugefügt werden.
Nun werden mit dem Ton Figuren gestaltet. Jede Teilnehmerin richtet sich dazu den eigenen Arbeitsplatz her: Eine Unterlage, Ton in ausreichender Menge und Wasser in greifbarer Nähe. Um die Gruppe zu sammeln und an das Material heranzuführen, kann zuerst eine Kugel geformt werden (vgl. dazu die Übung „Eindruck wird Ausdruck", S. 90). Dann können alle diejenige Figur aus dem Bibeltext gestalten, die sie heute besonders anspricht und die mit ihnen persönlich etwas zu tun hat. Es kann aber genauso gut ein Gegenstand,

ein Baum, ein Stück Landschaft oder eine symbolische Darstellung für die verschiedenen Qualitäten des Geistes Gottes als Gestaltungsobjekt ausgewählt werden. Die Teilnehmerinnen arbeiten in Stille, um die jeweils von ihnen gewählte Gestalt zu meditieren, den Gestaltungsprozess wahrzunehmen und auf ihre Einfälle, Gefühle und Gedanken zu achten.

Auswertung

Wenn die Teilnehmerinnen fertig sind, stellen sie ihre Figuren nacheinander in die Landschaft und erklären den anderen, was sie gestaltet haben. Die Landschaft wird gegebenenfalls mit Naturmaterial oder dem einen oder anderen bunten Tuch als Akzent weiter ausgeschmückt. Danach findet ein Gespräch in der Gruppe statt. Je nachdem, welche Länge und Intensität die Einheit haben soll, wird dieser Austausch unterschiedlich ablaufen, es geht jedoch auch dabei nur ums Erzählen, und nicht um eine Diskussion. Ein Leitfaden für dieses Gespräch können folgende Fragen sein:
- Wie wirkt die Gestaltung insgesamt auf mich? Was fällt mir auf? Was sehe ich?
- Was hat mich in dem Bibeltext besonders angesprochen? Was habe ich gestaltet?
- Wie ist es mir beim Gestalten ergangen?
- Wie empfinde ich den Ort, an dem meine Figur steht?
- Wenn meine Figur sprechen könnte, was würde sie sagen?

Abschluss

Als Abschluss können folgende Elemente dienen:
- den Text noch einmal lesen
- in Stille betrachten, was entstanden ist
- ein Lied, das die Erlebnisse der Teilnehmenden aufgreift oder zusammenfasst
- ein freies Gebet, in dem die Teilnehmenden Bitte und Dank ausdrücken können. Dazu kann man an einer passenden Stelle ein Teelicht in der Landschaft platzieren – dies ist in Stille möglich oder in Verbindung mit der Nennung eines Anliegens
- ein aus den einzelnen Elementen dieser Übung bestehender Wortgottesdienst

Variante für große Gruppen

Ist die Gruppe größer als 10 bis 12 Personen, so kann sie geteilt werden, und zwei Landschaften können entstehen. Eine weitere Alternative ist es, die alttestamentliche Szene mit Texten aus dem Neuen Testament zu verbinden und verschiedene Schauplätze des adventlichen oder weihnachtlichen Geschehens nebeneinander zu stellen. An so einer Gestaltung kann auch eine sehr große und weniger homogene Gruppe arbeiten (z. B. bei einem Familienwochenende). Es ist auch möglich, dass eine Gemeinde in unterschiedlichen Gruppen und zu verschiedenen Zeitpunkten einzelne Szenen gestaltet, die sich dann zu einer gemeinsamen Arbeit zusammenfügen und die ganze Gemeinde durch den Advent und die Weihnachtszeit begleiten. Folgende Bibeltexte sind dafür geeignet:

- Mt 2,1–12: Der Weg der Sterndeuter
- Lk 2,8–16: Die Hirten auf dem Feld
- Lk 3,2–16: Johannes in der Wüste
- Mt 1,18–25: Maria und Josef
- Lk 2,1–7:   Die Geburt Jesu
- Lk 1,26–38: Die Verheißung der Geburt Jesu
- Lk 1,39–56: Der Besuch Marias bei Elisabeth

Literatur

Bommersheim, Gerlach: Rotkäppchen im Schwarzweißfilm (Schriftenreihe der APAKT), Claus Richter Verlag, Köln 1998.
Brüder Grimm: Kinder- und Hausmärchen, Artemis und Winkler, Düsseldorf/Zürich 2002.
Delp, Alfred: Gesammelte Schriften, Bd. 4, hg. von Roman Bleistein, Verlag Josef Knecht, Frankfurt a. M., 2. Aufl. 1985
Dörig, Bruno: Schenk dir ein Mandala, H. 1, Verlag am Eschbach, Eschbach 1988, 9. Aufl. 1997.
Egger, Bettina: Der gemalte Schrei. Geschichte einer Maltherapie, Zytglogge Verlag, Bern 1991.
Gotteslob. Katholisches Gebet- und Gesangbuch, Bibelanstalt GmbH, Stuttgart 1975.
Marcus, Hildegard: Spiritualität und Körper. Gestaltfinden durch Ursymbole, St. Benno Verlag, Leipzig 1998, 2. Aufl. 2000.
Mattussek, Paul: Kreativität als Chance. Der schöpferische Mensch in psychodynamischer Sicht, Piper-Verlag, München 1974.
Meister Eckehart: Deutsche Predigten und Traktate, hg. von Josef Quint, Diogenes Verlag, Zürich 1993.
Michalski, Ute; Michalski, Tilman: Das große Ravensburger Bastelbuch. Neue Ideen für kreatives Gestalten, Ravensburger Buchverlag, Ravensburg 2004.
Riedel, Ingrid: Formen. Tiefenpsychologische Deutung von Kreis, Kreuz, Dreieck, Quadrat, Spirale und Mandala, Kreuz Verlag, Stuttgart 2002.
Rilke, Rainer Maria: Briefe an einen jungen Dichter, hg. von Franz Xaver Kappus, Suhrkamp, Frankfurt a. M. 1989.
Rilke, Rainer Maria: Die Gedichte, Insel Verlag, Frankfurt a. M. 1986, 10. Aufl. 1998.
Winnicott, Donald W.: Vom Spiel zur Kreativität, Ernst Klett Verlag, Stuttgart 1971.

Ausgewählte Bezugsquellen für Mal-Utensilien und Bastelmaterial

boesner GmbH, Gleiwitzer Str. 2, 58454 Witten. Zentraler Versandservice und zahlreiche Filialen zum Direktverkauf in Deutschland, Österreich, der Schweiz und anderen Ländern. Weitere Infos unter www.boesner.com.
Johannes Gerstäcker Verlag GmbH, Postfach 1165, 53774 Eitorf. Versandhandel. Weitere Infos unter www.gerstaecker.de.
Braun Schulbedarf, Robert Koch Str. 14, 85435 Erding